一流秘書だけが知っている
信頼される男、されない男

●

能町光香

JN181535

サンマーク
文庫

はじめに

この本は、「誰からも信頼されるための方法」を書いた本です。

突然ですが、ここで質問があります。

「あなたは、まわりの人から信頼されていますか？」

どうでしょう。きっと、ドキッとされた方が多いのではないでしょうか。

豊かな人間関係を築いていくためには、「信頼」はとても大切。それは理解しているけれども、どうやって「信頼関係」を構築していけばいいのかわからない、というのが本音ではないでしょうか。

私は、約一〇年の間に、様々なグローバル企業にて秘書として外国人エグゼクティブ一〇人を補佐してきました。

上司は、アメリカ・イギリス・ドイツ・デンマークなど様々な国から日本へ赴任し、本社（外国）からの期待を一身に背負って、二年～三年間という短い期間で、大きなミッションを達成しなければならない人たちばかりでした。

異国「日本」で、言葉もわからないなか、異文化の環境で多くの人をマネジメントすることは、容易ではありません。

そのなかで、上手にマネジメントをしていく上司には、必ず「人から信頼される」という共通点があったのです。


後でわかったことですが、私は、他の秘書の方たちとは少し違う働き方をしていたようです。なぜ少し特殊な働き方ができたのかを考えてみたところ、次の三つの理由があるように思います。

一つめは、上司が外国人であることから、言語サポートが必要であり、そのため、上司と行動をともにする時間が長かったこと。

二つめは、上司がエグゼクティブ・アシスタント（秘書）である私を対等なビジネス・パートナーとして見てくれていたこと。

三つめは、上司は、日本に在住していたのではなく、本社から数年契約で赴任してきた人たちであったため、決められた期間でミッションを達成しなければならないという緊迫感がつねにある環境で仕事をしていたこと。

この三つの理由により、一心同体というとおおげさに聞こえるかもしれませんが、上司と深いパートナーシップのもと、二人三脚で仕事をしてきました。

私はおのずとエグゼクティブの右腕として働く必要があり、間近で彼らの仕事ぶりや考え方に触れることができたのです。

本書でお伝えする「人との信頼関係の構築の仕方」は、エグゼクティブと一緒に仕事をしてきたなかで、気づき、体得したものばかりです。そこには、エグゼクティブでなければなかなか気がつかないような、エグゼクティブ特有の発想や思考があります。

誰からも「信頼されるエグゼクティブ」は、部下や同僚のみならず、まわりの人を一瞬にして魅了し、「信頼」を得ることがとても上手です。

その方法をあなたに少しでもお伝えできればと思い、筆をとりました。

また一方で、秘書として上司と行動するなかで、社内外問わずたくさんの人に会う機会に恵まれました。そのなかには、地位は高いけれども、失礼ながら「この人、本当に人の気持ちがわからないのだなぁ」と思う方や、「あまり深くおつきあいしたくないなぁ」と思う方もいました。

彼らはなぜ人から「信頼」されないのか、どうすれば「信頼」を得られるのか、反面教師として学んだこと、気づいたことも盛り込みました。

あなたが、「信頼される男性」になるためには、小手先のテクニックに頼るのではなく、マインドそのものを変える必要があるかもしれません。

あなた自身のマインドや心の在り方を変えていくことで、今のあなたよりもずっと、人からの「信頼度」の高い人へとなっていくことでしょう。

職場において、部下から「信頼される上司」であることは、とても重要です。「信頼される上司」のもとで働く部下や同僚は、とても幸せそうです。自然とモチベーションが高まり、強固なチーム力のもと、予想もしなかった業績をどんどん成し遂げていきます。

チームみんなで何かを成し遂げたという達成感が生まれ、また同じ仲間で目標を達成したいという気持ちが芽生え、上昇スパイラルに乗っていくのです。それぐらい、一緒に働く仲間一人ひとりとの「信頼関係」を築いておくことは大事なのです。

上司と部下という関係や、仕事での人間関係以外でも、「信頼」は、コミュニケーションの要です。

人と人とが出会い、人と人との関係が生まれると、その相手といい人間関係を築きたいというのは、誰もが思うことではないでしょうか。

それなのに、なぜかうまくいかない。

「部下から信頼されなくて悩んでいる」

「心と心が通じあうようなコミュニケーションがしたい」

「まわりの人から誤解されやすく、うまくコミュニケーションができない」

「部下のモチベーションを高め、チーム力をアップさせたい」

「周囲との信頼関係の築き方がわからない」

「夫婦仲をよくしたい」

「また会いたいと思われる人になりたい」

こういった悩みをお持ちの方も多いのではないでしょうか。


人は誰でも、「信頼」されると嬉《うれ》しいものです。

「信頼」に満ちあふれた人間関係は、かけがえのない人生の宝物。

この本を読み終わる頃に、「あなたは、まわりの人から信頼されていますか?」という最初の質問に対し、今まで全く自信がなかったあなたも、少し自信を持って「はい」と言えるようになっていただけたとしたら、著者としてこれほど嬉しいことはありません。

「信頼される男性」になると、人生が大きく変わっていきます。

一人でも多くの人に、「信頼される男性」になって、よりよい人生を送ってもらいたいと心から願っています。

一流秘書だけが知っている信頼される男、されない男　目次

第2章 信頼される男は、「考え方」に軸がある

第3章 信頼される男は、「行動」が違う

第4章 信頼される男は、「見られ方」にも気を配る

第5章 信頼される男は、自分自身を信じている

編集協力……株式会社ぷれす
編　集……黒川可奈子＋梅田直希（サンマーク出版）

第1章

信頼される男は、「伝え方」がうまい

1 信頼される男は、「信頼関係をもとに」と言わない

朝から晩まで仕事に追われた日が終わり、電車に乗って、ホッと一息ついているときのことです。目の前で、同僚同士らしき二人が、「何だか、俺の上司って、頼りなくって……信頼できないんだよねぇ」と話しています。

あなたは、どんな気持ちがしますか？

あなたが部下を持つ上司ならば、ふと自分のことと照らしあわせて、一瞬、ドキッとするのではないでしょうか。

私の実感としては、女性よりも男性のほうが「信頼」という言葉に敏感で、自分が周囲から「信頼」されているかどうか、気になって不安になってしまうようです。

不安になるのは、「信頼」が目に見えないものだからではないでしょうか。目に見えず、「形」がないものだからこそ、不安になるのです。

あるとき、私はその見えない「信頼」というものを、「形」にしようとした人に会いました。ある会社の代表取締役の方と話をしていたときに、次のような言葉が聞こえてきたのです。

「今までの僕と能町さんとの信頼関係をもとに、交渉を進めていきたいと思っています。これからもお互いよい関係を築いていきたいですから」

「……？」

一瞬ゾクッとするとともに後味の悪さが残り、私は返事をすることができませんでした。その方とは、お会いするのがそのときで二回目。「信頼関係」と言われても、率直なところピンときません。

私は一〇年間企業で働いてきましたが、「能町さんとの信頼関係をもとに」と言われたことは一度もありませんでした。また、私の上司が「信頼に基づいて」というような言葉を発したのを聞いたことも、一度もありません。

そのとき気づいたことは、「信頼関係」というのは、言葉に出した瞬間、偽物になる、ということでした。

「信頼」は、「人」と「人」がコミュニケーションをする上で、最も大事なもの。だからこそ、大切にしたいと誰もが思っていますが、お互いをあまり知らない間柄では「信頼」は生まれません。

メールのやりとりや、普段の何気ないおしゃべりを通じて、仕事をともにするなかで、お互いを身近に感じるようになっていきます。

「信頼」は、時間をかけてお互いを知っていくなかで、自然と生まれ、熟成されていくものではないでしょうか。

もしあなたが、異動してきたばかりの新しい上司から、「今日から僕のことを信頼してほしい」と言われたら、どんな感じがしますか?

「は、はいっ」と返事はしてみたものの、何だか心にはしっくりしない感じが残ることでしょう。

きっと最初のうちは、「この人、信頼できるかなぁ」と様子を見ている状態が続き、そのうちに「あっ、この人のこの部分は、信頼できるかも」というように、少しずつ心が動いていくものです。

時間をかけて「信頼」は育まれていくのです。


「信頼」は、相手に強要すればするほど、失われていきます。

「言葉」を使って無理矢理「信頼関係」をつくろうとしても無理な話なのです。

「信頼される男性」は、「○○さんを信頼しているから」とか「○○さんとの信頼関係に基づいて」というように、「信頼」とか「信頼関係」というような言葉を口にすることはありません。

本当の意味で、お互いの間で「信頼関係」が築かれていれば、「信頼」を言葉で表す必要がないからです。

「信頼される男性」は、「信頼」という言葉を口にしないからこそ、「信頼」できるのです。

◎「信頼」は、言葉に出した瞬間に偽物となる

2 信頼される男は、「言い訳」をしない

部下や同僚から「信頼される上司」と一緒に、福岡県に本社を置く某企業へ表敬訪問をしたときのことです。

朝七時半頃の羽田空港発福岡空港行きの飛行機に搭乗予定でしたが、羽田空港に到着すると、搭乗予定の飛行機の出発が一時間遅れるということがわかりました。

他の手段も考えましたが、たとえ一時間出発が遅れても、その飛行機に搭乗することがそのときのベストな選択でした。

すぐに上司は私に先方の秘書に電話をするように言い、私はすぐさま電話を入れました。三〇分程度の遅刻が見込まれ、先方にすでに予定が入っているようだったら申し訳ないので、その確認も含めて連絡をとりました。先方からの返事は、「三〇分遅れても大丈夫」とのことでした。

ふと上司を見てみると、神妙な顔つきで一点を見つめ、とても険しい表情。「してはいけないことをしてしまった」そんな雰囲気が流れるまま、飛行機に搭乗しました。

先方の企業に到着し、会議室に社長があらわれるやいなや、上司は、「この度は、大変申し訳ありませんでした。深くお詫《わ》び申し上げます」と深々と頭を下げました。そのまま沈黙のなか一分が経過しました。

先方の社長は、「まぁ、まぁ。今回のことはこれぐらいにして……」と上司の肩に手をあて、上体を起こすようにうながしました。

そして、着席するとすぐに会議が始まりました。

このように、「信頼される男性」は、「飛行機の出発が遅れまして」「飛行機の出発時刻が急に変更となりまして」といった遅刻の理由を相手に伝えることはしません。

なぜなら、「言い訳」は、自分にとっての正当論にすぎず、相手には関係のないことだからです。

「言い訳」は、あくまでも自分を正当化しようとする弁論。

自分を守るための、鎧《よろい》のようなものです。

「言い訳」という鎧は、とても便利な道具で、自分を防御することに長《た》け、安全だという感覚をもたらしますが、そこには大きな落とし穴が待っています。

「言い訳をすればするほど、信頼は失われていく」という落とし穴です。

「言い訳」をすればするほど、コミュニケーションの要である「信頼」を喪失してしまうのです。

もしも、あなたの友人がいつも「言い訳」ばかりしていたらどうでしょう。

最初のうちは「しょうがないなぁ」と思いながらつきあっていたとしても、度重なる「言い訳」ばかり聞いていたら、信用できなくなってきませんか?

信用できない人と心を通わせることは難しいものです。

「言い訳」の数だけ、「信頼」が失われていく。

「信頼される男性」は、そのことをよく知っています。


遅刻は、「時間」に対する「言い訳」。

「遅刻する」ということは、それが、たとえ何分であったとしても、相手の時間を奪う行為にほかなりません。

相手の時間を尊重せずに、自分本位の時間の使い方を相手に強要していることになるのです。

エグゼクティブの方たちは、時間に対してとてもシビアです。ビジネスの世界では、たとえ一分であろうと遅刻をすると、それだけで印象がとても悪くなってしまうことをよく知っています。

後日談ですが、その上司は福岡での会議が終了すると、東京のオフィスにすぐに連絡を入れ、お詫びの品を次の日の午前中必着で送るよう私に指示をしました。

そして、次回からその企業を訪問するときは、アポイントメントが午前中であった場合は、前泊をすることで、もう二度と遅れることがないよう徹底しました。

「あっ、この人は違うな」とキラリと光るような存在になるためには、「言い訳」をしないことです。

まずは、明日からできる小さなことから始めてみましょう。

「電車が遅れてしまって」「雨が降っているから」「今、忙しいから」という言葉を発するのをやめてみる。それは、自分自身への「言い訳」をやめることになります。

そして、「言い訳」をしなくてもすむように、ちょっとした新たな習慣を取り入れ、身につけるといいでしょう。

たとえば、朝の電車の運行が不安定で、会社に遅刻しがちな人であれば、いつもより三〇分早く家を出て、会社の近くのカフェに足を運んでみる。そこで、始業前に一日の仕事の段取りを考えてみたり、仕事に関する勉強をしてみたり、好きな本を読んでみるというのはどうでしょう。

会社に遅れることがなくなるだけでなく、何か新しい世界が見えてくるかもしれません。

◎「言い訳」の数だけ「信頼」が失われていく

3 信頼される男は、自分の「肩書」をわざわざ言わない

あなたにとって「肩書」とは、何を意味するものでしょうか？

あなたの人生そのものですか？

それとも、あくまでも仕事をする上での役割でしょうか？


一つの組織のなかには、多くの「肩書」が存在します。

私の仕事の一部に、自部門の組織図の作成や社員名簿の管理がありました。社員が異動になると、人事部の方が全体のバランスを保つために、新しい「肩書」をつくるのに頭を悩ませていたり、実際の仕事とぴったりあうような「肩書」を考えるのに頭を抱えたりしている様子を見てきました。

それぐらい、社員一人ひとりの「肩書」はセンシティブなもの。

あるとき、「肩書っていったい何だろう?」と考えさせられる出来事がありました。

それは、ある日、打ち合わせに行ったときのことです。和やかに歓談が続くなか、こちらから質問した内容が先方にとって不本意なものであったのか、突然表情が変わり、強い語気で次のようにおっしゃったのです。

「私が社長ですから、全ての決定権は私にあるのですが」

一瞬にして、その場の空気が一変しました。

私はこの言葉を聞いて、違和感を覚えるとともに、唖然《あぜん》としました。

なぜなら、そのときまで、ご自身の「肩書」を口頭でおっしゃる方にお目にかかったことがなかったからです。そのため、どう言葉を返していいのか戸惑ってしまったのです。

さらに、そのときの打ち合わせは、意思決定をする場というよりも、意見を交換しあう場だったため、その驚きは余計に大きかったのです。

エグゼクティブの方たちは、自らの「肩書」を言葉にして発することはほとんどありません。むしろ控えているぐらいです。

実際、長い間秘書として上司と一緒に行動してきたなかで、私は上司が自分の「肩書」を言葉にして伝えている様子を一度も見たことがありません。

たとえば、大事なお客様のもとへ顧客訪問をしたときのことです。

名刺交換をする際、「○○会社の○○と申します」というように、会社名と名前を伝えるだけで、「肩書」については伝えません。

「肩書」は、名刺を見ればすぐにわかるもの。

名刺交換が終わると、お互いがそれぞれの名刺をしばらく眺め、「あぁ、この方は、このような肩書をお持ちで、肩書から察するときっと○○のようなお仕事をされている方なんだな」と推測します。

「肩書」は、すでに多くのものを瞬時に伝えているのです。

少し間があいて、「○○さんは、○○（肩書）でいらっしゃるのですね。最近はいかがですか」といった具合に会話が進んでいきます。

自分の「肩書」は、あえて言葉にしないというのが、美徳。

「肩書」は、多くのものを端的に伝えているので、言葉にする必要がないのです。

先にあげた件のように、「肩書」を言葉にして発するのを聞いてしまった瞬間に、すーっと気持ちが離れていってしまう感覚がするのは、私だけではないでしょう。

「肩書」が権威の象徴として用いられ、何かとてつもない大きなプレッシャーをかけられた感じがするのです。

その後は、緊張感が高まるなかで会話が続いたため、その場の空気はますます重苦しくなり、クリエイティブな発想が生まれるのは困難な状況になっていきました。

「肩書」には、不思議な力がやどっています。

だからこそ、自信がない人は、そのパワーに惹《ひ》かれ、つい頼ってしまいたくなるのかもしれません。

しかし、「肩書」に踊らされず、依存しない人こそ、実は一番強いのです。
最終的に人は、相手の「肩書」ではなく、「人となり」に惹かれるのですから。

◎「肩書」は、その人の「人となり」とは異なる

4 信頼される男は、「過去」の自慢話をしない

少しくだけた飲み会の席でのことです。

「ねぇ、能町さん、知ってる？」から始まり、「過去」の話を五時間ノンストップで聞いたことがあります。

「○○社（競合他社）のマーケットシェアを超えることができたのは、ちょうど今から二年前ぐらいの経営会議で僕が社長に進言したからなんだよ。あのときは、すごく辛《つら》くてね。胃がおかしくなるぐらいだったよ。辛かったなぁ。結果こうなってよかったけれど、社長はそのことをわかってくれているのかと、今でもときどき思うんだよね。あのときはねぇ」

という具合に続くのです。まるで一人芝居のようでした。

お別れをする頃には、何だかどっと疲れが押し寄せてきて、私の頭は朦朧《もうろう》としていました。

あなたも、このような経験をしたことはありませんか？

もう過ぎ去ってしまった遠い「過去」に生きている人の話を長々と聞くのは、自分が思っている以上に身体が疲弊することのようです。

最近、人生のピークを「過去」に置き、「今」を生きていない人が多いように思います。

「過去」の自慢話ばかりしている人と出会うと、「今の生活に満足されていないのかな」「今はいったい何をされているんだろう」と思ってしまいます。せっかくの魅力が半減してしまいますよね。

一方、「今」という一瞬一瞬を真剣に生きている人は、それだけで魅力的です。「この人はこれからどんなことをしていくんだろう」と相手をワクワクさせてくれます。


私が秘書として一〇年間エグゼクティブを補佐してきたなかで、わかったことの一つに、「信頼」され、あっと驚くような業績を残す人は、自分の「過去」の栄光について進んで話をしない、ということがあげられます。

そしていつも謙虚な姿勢で人と接します。

たとえば、こんな自然な形で会話が流れていきます。

「日本国内に一〇〇店舗のお店を持っていらっしゃると伺ったのですが。すごいですね！」

「あれは時流に乗って運がよかったんだと思っているよ」

「でも、運も実力のうちっていいますから」

「そうだねぇ。でも、正直、まわりの人に助けられながらここまで何とかやってきたっていう感じかな。ありがたいことだよ」

「そうなんですね。たくさんの人が〇〇さんと一緒に働きたいと思ったんですね」

「いやいや、本当にね、僕はいい仲間に恵まれただけなんだよ」

「素晴らしいですね。さしつかえないようでしたら、最初にお店を持とうと思われた理由について教えていただけますか？」

「それはね……」

というように、「信頼される男性」は、一方的に話をすることなく、言葉のキャッチボールを楽しみながら話を進めていきます。

投げかけられた質問に対して、答えを返していく。

どんな偉業を達成されたのか、周囲の人たちがゆっくりと知っていくことができます。話の核心にいきつくまで、言葉のキャッチボールが繰り返されるのです。

なぜ、言葉のキャッチボールが大切なのでしょうか。

この言葉のキャッチボールにより、少しずつお互いの「心」と「心」の距離が縮まっていき、しだいに「共感」が生まれるからです。この「共感」があるからこそ、会話の後に疲労感が残らないのです。

対して、一方通行な会話は「共感」を感じられないため、相手の心が満たされず、相手を疲れさせてしまいます。

「信頼される男性」は、そのことを実によく知っています。

さて、自分を振り返ってみて、あなたはいかがでしょうか？
「過去」という時間に身を置いて、一方通行の話をしていませんか？
「今」を生き、お互いが共感できる話をしていきたいですね。

◎「過去」ではなく、「今」を生きる

5 信頼される男は、「ありがとう」をおしみなく伝える

今日は、大事な企画書の提出日。

あなたは、朝からオフィスで休むひまもなくずっと仕事に追われています。ランチも、デスクで簡単にすませ、企画書づくりに没頭。朝からいったい何杯のコーヒーを飲んだのか忘れてしまうほどです。夜八時になり、「ふぅー、今日の仕事は終わり！」とやっと一息つくことができ、まわりを見回すと、数名だけが残っている状況。

「あっという間の一日だったなぁ」と思いながら帰りの支度をしているときに、上司から「今日は大変そうだったね。ありがとう」と言われたら、あなたはどんな気分になりますか？

何だかむくわれたような気持ちになるのではないでしょうか。

「一生懸命頑張った」と自分で思っているときに、ふと上司や同僚から、このような言葉がけがあると「あっ、見ていてくれたんだ」と嬉《うれ》しくなりますよね。

自分の存在に気づいてくれる人、見てくれている人がいると、それだけで嬉しいものです。

まわりが見えなくなってしまうほど仕事に没頭する日々が続くと、「こんなに大変なのは自分一人だけなのでは？」とか、「こんなに頑張って何になるんだろう？」などといった消極的な気分に陥ってしまうことがあります。

そんなときに、「今日一日、ありがとう！」と言われると、肩の荷が下りた感じがして、消極的な気分から前向きな気分へと変わっていきますよね。

そうなんです。

「ありがとう」は魔法の言葉。

相手の気分や気持ちをパッとポジティブに変える力を持っています。

「信頼される男性」は、この魔法の言葉、「ありがとう」を伝えるのがとても上手です。

真正面から堂々と「ありがとう」と言うときもあれば、さりげなくそっと「ありがとう」と言うときもあります。「ありがとう」という言葉には実は、状況に応じ、何十種類ものバリエーションがあるのです。

大切なことは、「今、相手はどんな気持ちでいるんだろう」と相手の感情に寄り添う心の余裕を持っているかどうかということです。

たとえば、上司から怒られているA君の様子をそばで見ていて、その後にばったりA君とすれちがった場合。「昨日の○○の件、助かったよ。ありがとう」と囁《ささや》くような感じで、そっと伝える。

「先ほど上司から怒られて落ち込んでいたA君が、少しでも元気を取り戻してくれたらいいな」という思いのもと、あまり仰々しくなくさりげなく伝えるのです。A君の心のなかに、希望の光が再び灯れば、また自然とやる気が出てくることでしょう。

このように、相手の気持ちに寄り添い「ありがとう」を伝える。

「信頼される男性」は、ただ「ありがとう」と機械的に伝えるのではなく、相手の心の機微を読み、相手の気持ちに寄り添いながら「ありがとう」を言葉にして伝えています。

この違いが、「ありがとう」という言葉に深みが増すかどうか、より伝わりやすくなるかどうかを決めています。

これは、職場だけではなく、家庭、様々なコミュニティーなど、ありとあらゆる人間関係において大切なことではないでしょうか。

私が秘書として、多くの人から「信頼される上司」を補佐していたときのことです。

私はその上司から、毎日、三〇回程度（正確に数えたことはありませんが）、ちょっとした仕事に対することであっても「ありがとう」という言葉を聞いていました。

外国人の上司でしたから、実際は、英語で「Thank you」「Thanks」という言葉をよく耳にしていたのです。

そのときの私は、毎日会社に行くのがとても楽しく、モチベーションがつねに高い状態で仕事を続けていました。「ありがとう」が循環するチームでは、メンバー全員がハッピーな状態になり、チーム全体の業績も飛躍的に伸びていきました。

「ありがとう」はまわりの人を幸せへと導く言葉。

そんな魔法の言葉を、まずは身近な人へ贈ってみませんか?

◎心のこもった「ありがとう」の数だけ「信頼」される

6 信頼される男は、「Recognition」を演出する

前の項目で、「信頼される男性」は、「ありがとう」をおしみなく伝える人であると述べました。

さらにワンランク上のかっこいい「ありがとう」の伝え方があります。

いったいそれは何だと思いますか？

それは、「Recognition」を表すということです。

簡単にいうと、「ありがとう」という感謝の気持ちをまわりの人と共有する、ということです。

「Recognition」を辞書で引いてみると、「認識」とあり、さらに「感謝」と続き、「表彰」「真価を認めること」「正しく評価されること」とあります。

つまり、「ありがとう」と称賛したい人がいる場合、その人の真価を認め、正しく評価することが「Recognition」なのです。

「信頼される男性」は、「Recognition」を演出するのがとても上手です。

「Recognition」を簡単に表すことのできる手段の一つとして、祝賀会や慰労会などのパーティやイベントの開催があげられます。

たとえば、ある上司は、プロジェクトが終了した際、そのプロジェクトの大きさにかかわらず、パーティを開いていました。その規模は六名程度の小さなものから、一〇〇名規模の大きなものまでありました。

「本当に素晴らしかったよ、ありがとう」「いろいろと大変だったね、ありがとう」とお礼を伝えたい主役の人と、そのプロジェクトに関わってきたメンバーが参加してくれればいいのです。

上司は、そのパーティを「Recognition Party」と名づけて、楽しみながら、でも真剣に、心に響くサプライズの演出を考え、私にも「何かアイデアはない？」と聞いてきます。「主役としてステージに立つ人が最も喜んでくれる方法って何だろう」と考えるのです。

サプライズ・イベントを考えている時間は、ときがたつのも忘れてしまうほど、とても楽しいものです。

参加した人たちは、主役の人の最高の笑顔、ときには嬉し涙に触れ、自分まで嬉しくなってしまう、そんな喜びを感じるのです。


ここで、具体的な例をあげてみましょう。

会社をあげての大きなプロジェクトのリーダーに抜擢《ばってき》され、素晴らしい業績を残したAさん。彼が、人事異動により、他部門へと異動になったときのことです。

プロジェクトメンバーはみな寂しい気持ちでいっぱいですが、お世話になったAさんに感謝の気持ちを伝えたい。

そこで、四〇名ぐらいのプロジェクトチームのメンバー一人ひとりが、これまでの三年間の感謝の気持ちを一分~二分にまとめて話し、その様子をムービーに仕立て、パーティ当日に上映しました。たまたまAさんの奥様も同じ会社に勤めていらっしゃったので、無理をお願いして、奥様からの一言も最後に添えました。

一緒に頑張ってきたプロジェクトメンバーが集まるなかで、称賛されたAさん。

いつも一緒に仕事をしてきた仲間全員から、一度に「ありがとう」と言われ、「こんなにみんなに喜んでもらえて、プロジェクトリーダーとしてこのプロジェクトに参加できて本当によかった」と心から思える感激の瞬間です。今までの苦労が、一気に吹き飛んでしまいます。

この日の私の上司は、Aさんへの感謝の気持ちがより伝わるように、プロデューサー役に徹し、メンバー一人ひとりに気を配りながら、より臨場感あふれる空間を演出していました。

一人ひとりが、これまでの三年間の出来事を思い出し、その軌跡を辿《たど》ったことでしょう。嬉しさと寂しさの交差する、涙あふれる会となりました。

たとえ部門が変わって、組織のなかでは離れ離れになったとしても、一人ひとりの心のなかに鮮明な記憶として残っていくことでしょう。

これからは、「プロジェクトリーダーのAさん」ではなく「一緒に仕事をした信頼の置けるAさん」として、プロジェクトが終わっても関係は続いていくはずです。

これは、会社という組織だけでなく、ありとあらゆるコミュニティーにおいて実践できます。家庭、趣味のサークル、同窓会において。

たとえば、家族の誰かがお誕生日の場合、必ずお誕生日その日にみんなでお祝いをする。そういったささいなことでも、祝ってもらえるのは嬉しいものです。

お誕生日に限らず、何か自分で「記念日」をつくって相手をねぎらい、祝ってしまう、それぐらいの感覚でいいかもしれません。

私が秘書として働いていたとき、上司のスケジュール管理をしていましたが、お互いがスケジュールに自由に入力できる方法をとっていました。上司も私も、いろいろな「記念日」をつくっては、スケジュールに事前に入力することで時間を確保し、「Recognition Party」を開いて、感謝の気持ちをきちんと伝えるようにしていたのです。

◎「Recognition」の演出で感謝の気持ちを伝える

7 信頼される男は、必ず「理由」を伝える

ある会社で前の上司が本社に戻り、新しい上司が日本に赴任してきて三カ月が経過した頃の話です。

「今度の本部長は、主張が一貫していて助かるよ。おかげで、毎回いちいち確認しなくてもよくなったから、安心して仕事ができるようになった。能町さんも、仕事が楽になったでしょう」と、当時の部長が嬉しそうに話しかけてきました。何だかとても意気揚々としています。

たしかに、それまでの私の上司は、昨日伝えたことが次の日の朝には変わっているということがとても多く、私によくコソッと聞きにくる人が大勢いました。

「先週まで、○○って言っていたのに、何で急に変わったのか知ってる？」

「昨日まではプランAで進めていくって言っていたのに、何で急にプランBに変更になったの？　困っちゃうなぁ。もうみんなに伝えちゃったよ。変更の理由を

何て言おう」

といった具合です。

こういうことが頻繁に起こるため、秘書の私を含めまわりの多くの人が、毎回普通だったら確認しなくてもいいことまで確認をしてから仕事を進めていたのです。時間がかかってしかたがありませんでした。この確認作業を怠ると、後で大変なことになってしまうということもしばしばありました。

「理由」を伝えずに、また、ときにははっきりとした「理由」もなく主張がころころ変わっていく上司には、部下はついていきません。

上司の任期が一年とわかっていれば、部下のほうは心のどこかで「しょうがないな」と思いながら、一年という期間だけとわりきって、我慢するかもしれません。

でも、その上司の任期が五年となった場合、どうでしょうか？

想像しただけでも、気が重くなってきますよね。

それぐらい、人は、「理由」もなく主張や意見がころころと変わるのを嫌うものです。

もちろん、ビジネスの世界で、様々な事情により方向性や指針が急遽《きゅうきょ》変更となることは多々あります。やむを得ない状況もたくさんあります。

そんなときに、「信頼される男性」がしていることがあります。

それは、「主張や意見が変わる場合は、その理由を関係者にきちんと伝える」ということです。

「変更理由」について、対面で話したり、電話で伝えたり、メールを送ったり、そのときの状況により、伝える方法は変わりますが、必ず「変更理由」を伝えます。

あなたは部下や同僚にきちんと伝えるべきことを伝えていますか？

「部下は何も言わなくても当然変更を受け入れてくれるだろう」という甘えはありませんか？

また、「信頼される男性」は、その伝え方がとても上手です。

「○○さん（社長）がこう言ったから」というように、誰かが言ったから、という伝え方は極力避けます。

「社長が言ったから」というのは、部下としてはNOとは言えない絶対的な「理由」となるため、部下を説得できる簡単な方法です。しかし、実はこれでは不十分なのです。

それでは、「信頼される男性」は、どのように伝えるのでしょうか。


具体例をあげてみましょう。

「残念ながら来期から、本部予算が一〇%カットされることが決まったんだ」と突然上司から言われた部下たち。「なぜ？」と「理由」を知りたいのは当然のことです。

ここで、もし「社長が言ったから」と言われたとしたら、あなたはどんな感じがしますか？

社長の決断なので、受け入れないといけないのはわかっていても、もっと詳しくその「理由」を知りたくなると思います。

このような場合、「信頼される男性」は次のように答えます。

「なぜ一〇%も削減されるのか、納得いかない気持ち、よくわかるよ。日本のマーケット自体にあまり変化はないいんだけれども、急速に伸びてきている他のアジア諸国のほうに予算を振り分けたいという本社の意向があるんだ。予算が少し削減されて、みんなの活動が制限されるかもしれない。何か困ったことがあったらぜひ言ってほしい。こういう状況でも、日本がアジア諸国をリードしているという気持ちを持って、みんなで頑張っていこう。何かこの件について、質問はあるかな？」

このように、チームとして一緒に働いているメンバーにきちんと伝え、質問を受けることで一人ひとりのモヤモヤとした気持ちを払拭し、仕事のベクトルあわせを怠らないのです。

それはまるで、筋が通った、説得力のある演説のようです。
「信頼される男性」は、「理由」なく主張を変えることはないのです。

◎「理由」なくころころと主張を変えない

8 信頼される男は、ネガティブな言葉を発しない

朝、オフィスに出社し、「さぁ、今日はどんなふうに仕事をしていこうかな」と一日の仕事の流れを考えているときに、あなただったら次のどちらの言葉を聞きたいですか?

「○○さん、昨日の会議の件だけどね、これさぁ、何とかならなかったのかな」

朝一番に、上司や先輩からこう言われると、やる気がなくなってしまいますよね。

それでは、次の言葉をかけられたら、どんな気分になるでしょうか?

「○○さん、おはよう。昨日はありがとう。おかげさまで、うまく会議が進んだよ」

今日一日、前向きに仕事を頑張っていこうという気持ちになり、やる気が出てくるのではないでしょうか。

「どんな言葉をかけるか」その言葉が、相手の気分に影響を与えているのです。

約一〇年間にわたる、エグゼクティブを補佐するという秘書の仕事を通じてわかったことがあります。

それは、「信頼される男性」は、まわりの人に「気がきいた」ポジティブな言葉がけを日常的にしているということです。

面と向かって話すのは恥ずかしいから。

わかってもらえていると思うから。

わざわざ言うのは面倒だから。

このような理由で、ポジティブな言葉をかけることを怠っていませんか？

「信頼される上司」は、部下や同僚に対して、その場に適した方法で、タイミングよくフィードバックを行うことがとても上手です。

フィードバックには、「ポジティブ・フィードバック」と「ネガティブ・フィードバック」の二種類があります。

職場では通常、上司が「こうするべきではないか」「何でこのようにしてくれないのか」と、つい部下をコントロールしてしまい、「ネガティブ・フィードバック」が多くなってしまいがちです。

だからこそ、意識的に「ポジティブ・フィードバック」をするよう心がけることが大切なのです。

部下がよい仕事をしたときには、「○○の件、とてもよかったよ」「あのときに、○○してくれて助かったよ、ありがとう」「○○さんがつくってくれたプレゼンテーション、とても説得力があって、おかげさまで会議がうまくいったよ」など、ポジティブな言葉をかけるようにしましょう。

日々、「ポジティブ・フィードバック」をし、感謝の気持ちを部下にきちんと伝えていくことが、彼らのモチベーションを高めるのです。

部下は、「上司から気にかけてもらえて嬉しい」「上司に大切にされているからもっと頑張ろう」と、上司からのちょっとした言葉にとても敏感です。

「信頼される男性」は、ポジティブな言葉を相手に伝えること、つまり「ポジティブ・フィードバック」が、ほぼ習慣化しています。

まわりの人への「言葉がけ」。

それは、「言葉を架ける」ということ。

「言葉」は、「人」と「人」をつなぐ「架け橋」なのです。

そう思うと、まわりの人が元気になる言葉をかけたくなってきませんか？

相手の気持ちをなえさせてしまうネガティブな言葉を発するより、相手を元気にするポジティブな言葉をかけていく。

どちらが人間関係を豊かにするのか、明らかではないでしょうか。

◎意識して「気がきいた」ポジティブな言葉がけをする

第2章

信頼される男は、「考え方」に軸がある

9　信頼される男は、「自信」のつけ方を知っている

「最近自信がついてきた」とふと感じるのはどんなときでしょうか?

心やすらかにコーヒーを飲みながら一息ついているときという人もいれば、大事な会議でのプレゼンテーションが成功に終わり、ホッとしているときという人もいるでしょう。

人によって、「自信がついてきた」と感じるときや場所は異なるものです。

「自信」というのは不思議なもので、残念ながら「よーし、今、頑張って感じてみよう!」と思っても感じることはできません。

たとえば大事な試験や面接の直前など、自分の人生がこれから大きく変わっていく岐路に立ったとき、「今この瞬間に自信を感じたい」と思っても、なかなか難しいものです。

「今、自信を感じたい」と思ったときに、感じられればどんなにいいことでしょう。

あるとき、誰からも「信頼される上司」に、こんなことを言われたことがあります。

「自信は自分一人では、案外感じられないものなんだよ。自信はまわりの人が運んできてくれるものだから」

新幹線に乗り、仕事の打ち合わせをしているときに言われたのですが、どこか腑《ふ》に落ちず、もどかしかったので質問をしてみました。

「自信って、経験を積み重ねることで、ついてくるものではないのですか?」

「もちろん、経験は何よりも重要で、自信の源だよ。でも、それだけでは、十分ではないんだ」

「……?」

「多くの人は、自信をつけなくてはという自分の思いが強すぎて、辛《つら》くなってしまう。自信は、まわりの人から運ばれてくるんだよ。そう思うと気が楽になるだろう」

　会話は途中で終わり、終点の東京駅に到着してしまいました。

　その後、一カ月ぐらいたったときに、ふと上司の言っていた言葉がストンとわかる出来事がありました。

　当時の私は、英語で議事録をとるのに悪戦苦闘していました。参加者の発言した内容を端的にうまくまとめられず、「まだまだ改善する余地がたくさんある」と頭を抱えていたときに、上司からこんなことを言われました。

「最近、会議が終わる頃には、八〇％ぐらいは議事録が完成しているようだね。会議終了後に、三時間以内には議事録を参加者に送っている様子を見ると、要領をつかんできたのかな。ずいぶん速くなったね」

　この一言が、私に「自信」を運んでくれました。

「あっ、言われてみれば、議事録をつくるスピードは、ずいぶん速くなっているかも」と、決して自分一人では気づくことがなかったであろうことを、上司が教えてくれたのです。

以前の私は、会議が終わってもウンウンとうなりながら、「もっと速く議事録を書けたらいいのに」と思うものの、早くても次の日の朝に送るのが精一杯でした。

そのうち議事録を作成するスピードが速くなり、今度はいつの間にか、端的にまとめられないという悩みに焦点がうつり、スピードについての悩みはすっかり忘れていたのです。

「議事録作成のスピードは速くなっているわ！」と、客観的に自分の成長を見ることができたのは、いつも一緒に働いている上司の言葉のおかげでした。

このように、いつもそばで一緒に働いている上司や、同僚、先輩や後輩の何気ない言葉がきっかけとなって、自分が以前よりも成長したこと、そして「自信」がついてきたことに気づくことが多いのではないでしょうか。

「信頼される男性」は、「自信」は、一人で躍起になって無理をして身につけるものではないと知っています。

そして、セルフイメージを上手に保っています。

セルフイメージが高すぎるあまり、現在の自分とのギャップが大きすぎて悩んでいる人は、自分一人で努力して、頑張って「自信」をつけていこうと必死になっています。でも、心のどこかで「いったいどこまで頑張ればいいんだろう」という不安と背中あわせの状態で、自分の心をがんじがらめにしてしまっています。

頑張っているのに、上を見上げれば見上げるほど、自分に「自信」がなくなっていってしまう、という負のスパイラルにはまっている人は、一度手を止めて一休みをし、自分が「今どこにいるのか」を客観的に見る時間を持ってみてはいかがでしょうか。

きっと、「自分の成長」を感じることができるでしょう。「自分の成長」に気づいていなかったのは、あなただけかもしれません。

「自信」はまわりの人が運んできてくれる。

他の誰でもなく、自分でつくったセルフイメージにしばられ、辛く感じてしまうのはもったいないことだと知りましょう。

◎「自信」はまわりの人が運んできてくれるもの

10 信頼される男は、本当のプライドを知っている

あなたは、プライドの高い人と仕事をして、嫌になってしまったという経験はありますか？

組織は、いろいろな人が存在する人間関係の宝庫です。

そのなかには、プライドが高い仕事相手もいることでしょう。

不思議な話に聞こえるかもしれませんが、私が秘書としてエグゼクティブの方と一緒に働いてきたなかで、「とてもプライドの高い人だから、働きづらい」と思ったことは一度もありません。

これは、あるとき、友人との会話から気づいたことです。

「秘書をしていると、まわりにはプライドの高い人ばかりいて、いろいろと気を遣ったり、細々したことに気を配ったり大変じゃない？　ポジションが高い人ほ

ど、プライドも高いっていう感じがするけれど」

「えっ？　そんなイメージがあるの？」

「うん。みんな偉そうにしているイメージかな？」

「偉い人ほど、偉そうにしていないものだよ」

「えっ？　そうなの？」

と面白いやりとりをしたことがあります。

友人は、ポジションが高くなればなるほど、鼻高々で横柄な人が増えてくると思っているようでした。

実際は、違うのです。


「信頼される男性」は、自分の「存在価値」を知っていて、それを自分できちんと認めています。そういう人は、実に穏やかで謙虚です。何かの力を借りて、自分を誇示する必要がないからでしょう。

自分に誇りを持っている人は、無理して品位を保とうとしたり過剰に誇示したりする必要がないので、自然体でいられます。

友人の言う、いわゆる偉そうにしている人たちの多くは、「肩書」の力を借りることで、自分を保っているように感じられます。

「肩書」それ自体にプライドを持っている人には、横柄な人が多いのかもしれません。

でも、「肩書」は、所詮、記号にすぎません。住所が、土地のその場所を表すだけなのと同じように、「肩書」はその組織のなかでの立場を示すものにすぎないのです。

「肩書」ではなく「自分自身」に誇りを持つ。

この違いは、大きいのではないでしょうか。

「自分自身」に誇りを持つとはどういうことでしょうか。

謙虚が美徳とされてきた私たち日本人にとって、「自分自身」に誇りを持つというのは少し気恥ずかしい感じがするかもしれません。

外国人のスピーチのなかで、「I am proud of myself」という表現をよく耳にします。直訳すると、「私は自分自身を誇りに思う」という意味です。

私はこの表現がとても好きです。

なぜなら、私の上司であった外国人はみんな「I am proud of myself」と言っているときの表情が素敵だったからです。

ホッとするような表情や、嬉《うれ》しそうで幸せそうな表情、またちょっと涙ぐむような表情だったり、どれもとても印象的でした。

小さなことでも大きなことでも、何かを成し遂げた後に、自分で自分をきちんと認めてあげる。その言葉が、「I am proud of myself」です。自分に小さな拍手を送るのです。

また、オーストラリアで日本語教師をしていたときに、先生が生徒に向かって「I am proud of you」という言葉がけをしているのをよく耳にしました。「あなたのことを誇りに思うわ」という意味です。

先生が生徒を誉《ほ》めるときによく使われていた表現なのですが、こう言われた生徒は無邪気に喜び、とても嬉しそうでした。「日本にも、このような誉め言葉があるといいのに」と思ったこともあります。

その人の存在そのものを誉めたたえる表現。オーストラリアの家庭においても、ごく自然に、ご両親が子供に向かって言っている様子をよく見てきました。

「プライド」を辞書で引いてみると、「誇る心、自分を尊び、品位を保とうとする心」と書かれています。

「自分を尊ぶ心」。

「信頼される男性」は、この「自分を尊ぶ心」を持っています。

「自分自身」をきちんと尊ぶことができる人には、心の余裕があります。

その余裕があるからこそ、偉そうに見せる必要もなく、等身大の自分でいられるのではないでしょうか。

◎「自分を尊ぶ心」が本当のプライド

11 信頼される男は、深い孤独を背負っている

職場で、「こんなに孤独な人を見たことがない」と思えるぐらい深い孤独感を持って仕事をしている人に会ったことがありますか？

私のこれまでの企業人生のなかで、あまりにも深い孤独を背負っているため、一時期は近寄ることさえできなかった男性がいます。

その男性は、私の著書にもよく登場している優秀で素敵な「気がきく」上司。

企業では、ポジションが上がれば上がるほど、孤独になっていきます。それは、しかたがないこと。秘書も同様に、上司が昇進すればするほど、孤独になっていく運命共同体です。

秘書には、そのとてつもなく深い孤独に寄り添い続ける「心の器」が必要です。

「上司のこんなに孤独な背中は見たことがない」と感じるぐらい、上司の肩にど

んと乗っている責任の重さを同じように感じるものです。

あるとき私は、「意思決定をどんどん行っていく人には、ある一定期間、孤独になる時期が必要なんだな」とふと気がつきました。

孤独になり、一人の時間を持つことで、自分の頭で熟考し、重要な案件についての意思決定をくだす準備をしているのです。

社内で、大きな案件や重要な案件に関して意思決定がなされる場合、部下をはじめ、同僚、他の部門の人たちまで、それぞれの立場でいろいろな意見を伝えてきます。まわりの人の言うことに耳を傾けることはたしかに大切ですが、多種多様な異なる意見に翻弄されているようでは、的確な意思決定はできません。

優秀な上司とそうでない上司との違いは、まわりの人たちの発言に耳を傾けながらも、今の状況を把握した上で、それらを材料として、さらに意思決定の精度を深めていけるかどうかだと思います。

私の上司が、組織にとって重要な意思決定を行ったその直前のシーンをご紹介しましょう。上司と大阪へ出張に行ったときのことです。

大阪のオフィスの一角で、二時間ずっとお互い無言で、沈黙の時間を共有しながら仕事をしたことがあります。お互いに「信頼関係」があれば、沈黙は怖くありません。

しかし、まわりの社員の方の反応は、意外なものでした。

「秘書だったら、気を遣って、声をかけてあげたらいいのに」とヒソヒソ話が聞こえてきます。

まわりの人たちはあまりの静けさに驚き、また、私たち二人の沈黙を恐れていたようでしたが、私たちにとってはよくあることでした。

大きな決断がせまっているときには、私はあえて声をかけずにそっとしておくようにしていました。そして、上司が疲れたときや一段落がついたときにふと私に声をかけたくなるような、声をかけやすい雰囲気をつくるよう心がけていました。

ものすごい緊張感のなかで仕事に専念している上司の「時間」と「空間」を尊重するようにしていたのです。

無事、重要な案件の意思決定がなされた瞬間、まるで別人のような顔つきになります。上司がまるで別人のように、ホッと笑顔で冗談やたわいもないことを私に話しかけてくるときは、秘書として、「本当によかった」と嬉しく感じるひとときです。

一瞬でも油断すると心が折れてしまいそうなほどの緊張感が漂うなか、一心不乱に仕事に没頭している人は、まわりの人にとって近づきがたく、孤独に映るものです。

孤独の深さを知っているからこそ、まわりの人に優しくできる。

孤独の大きさを知っているからこそ、まわりの人の心の辛さがわかる。

孤独の闇を知っているからこそ、まわりの人の心の機微を感じとることができる。

そういう上司こそ、人と「心」と「心」で会話できるのです。

人としての器が大きい人は、「孤独」を親友として、うまく折り合いをつけながらつきあっています。そういう男性が「信頼」されるのは、いうまでもないでしょう。

◎深い孤独を知っている人は、人に優しい

12 信頼される男は、「信頼」はお金では買えないと知っている

部下に慕われようと、毎晩何かしらの理由をつけて、部下を豪華なレストランへと誘っている上司がいました。

ある日、私がいつものように都内で評判のいいレストランを探しているときに、同僚からこんな相談を受けました。

「ねぇ、何で週に一回、上司と食事をしないといけないのかよくわからないんだよね。気を遣って食事をするのが苦痛でさ。なぜ優先しなければならない仕事を放り出してまでも、上司と食事に行かなければならないのかな」

部下からしてみると、普段から一緒に仕事をしているのに、なぜ夜にまで一緒の時間を過ごさなければならないのかわからない、できれば仕事の時間内に話をしてもらいたい、ということでした。

一方、私の上司のほうはというと「豪華でおいしいレストランに連れて行くなんて、こんなに部下思いの上司ってなかなかいないだろう。会社でも俺一人だけだと思うよ」と得意げに私に話しかけてきます。

そのうちに、部下は理由をつけて、上司からの誘いを断るようになりました。

すると、上司は「こんなに○○さんのことを大切にしているのに、何でわかってくれないいんだ」と怒りを露《あら》わにしました。私は驚きとともに、「部下の気持ちが本当にわかっていないいんだなぁ」と悲しくなったのを覚えています。

上司と部下の考え方の不一致。

部下が喜んでくれると思ってしていることが、実は部下の負担になっているということもあります。

部下から「信頼」されていないのではないかと不安を感じている上司は、部下からの「信頼」を手っ取り早く得ようと焦るあまり、モノやお金で解決しようとする傾向がありますが、それは逆効果です。

「信頼される男性」は、「信頼」はお金では買えないと知っています。

また、「信頼」はお金で買うものではないと心得ています。

部下からの「信頼」をお金で買おうとしている人は、「信頼」されません。「信頼される男性」にはなれないのです。

「信頼」をお金の力でコントロールしようとすればするほど、人の心は離れていってしまう。

部下のご機嫌とりのためだけに一生懸命飲み会をセッティングしている人は、そろそろそのことに気づいたほうがよさそうです。

どんなに素晴らしいレストランであっても、一緒に行く相手によって、お料理の味が変わってしまうと感じるぐらい、そのときの印象や満足度も変わってくるものです。

たとえば、接待のため、日本有数の一流レストランにお客様と会食に行った場合、気が休まらず、いったい何を食べたのかわからなかったという経験をお持ちの方も多いのではないでしょうか。

私は新入社員のとき、日本の商社に勤務していました。バブルは崩壊した後でしたが、それでも商社特有の接待文化は残っており、お客様との会食が頻繁にありました。

当時、商社マンの多くは、「昨日のレストランは最高で、ディナーも素晴らしかった。でも、できることなら妻と一緒がよかった」「昨晩のレストランは、いつもお世話になっている先輩と行きたかった」などと口にしていました。このように、気心知れた相手とゆっくりその場の雰囲気とお料理を味わいたいものではないでしょうか。

「誰と一緒に食事をするか」ということが、「どこで食事をするか」ということよりも大切なのです。

部下を食事に誘う場合は、部下に負担をかけないよう、その目的や理由を事前に伝えておくだけでもずいぶん違ってくるでしょう。

職場において、上司と部下という上下関係が存在するため、部下から上司へ直接提言をするのは難しいものです。

だからこそ、上司のほうが、部下に心理的な負担がないかどうか気にかけてあげることが大切なのです。

「相手ありき」の姿勢で、部下の立場に立って物事を考えてみる。

そうすることで、今まで感じられなかった部下の気持ちに気づくことができるでしょう。

お金やモノで「信頼」を得ようと思えば思うほど、逃げていってしまう。そんな見えない力学が働いていることを、あなたは知っていますか？

◎部下からの「信頼」はお金やモノでは得られない

13 信頼される男は、遊び心を持っている

私が秘書として企業で働いていたとき、よくこんな質問をされました。

「秘書の人って、いつも緊張感のなかで、ピリピリしながら働いているから、気が休まるときがなくて大変じゃない?」

たしかに、上司は分刻みのスケジュールで動いていましたし、私自身も複数の仕事に短時間で一度に取り組まないといけないときは、息をつくひまもありませんでした。ふと時計を見たらいつの間にか三時間が経過していた、ということもあります。

そんな日々時間との戦いのような世界にいても、実は、遊び心を持って仕事に接している上司のもとで働いていると、とても面白く、緊張がほぐれる場面もたくさんあるのです。

遊び心を持って仕事に接する。

これは、どんな意味だと思いますか？

それは、「仕事に取り組むときでも、どこか頭のかたすみに、少年のような無邪気さを持って、物事を考える」ということです。

人によっては、「仕事に遊びを持ちこんではいけない」とか、「仕事と遊びは、はっきりと分けるもの」という考え方の人もいることでしょう。

けれども私の実感として、どこか頭のかたすみに遊び心を持って仕事をしている人のほうが、とてもクリエイティブで、他の人とは違う面白いユニークな発想を持っていることが多いように思います。

いわゆる、組織において革新的な発想をもとに、新しい道を切り開いていくというタイプです。

誰からも「信頼」されていた営業部長のAさんの例を見てみましょう。

Aさんは、達成志向の強い論理派で、それぞれの支店の営業成績とにらめっこりをしているときは、神妙な面持ちで厳しい表情をくずさず、部下に理論でつめよります。

そんなAさんが、マーケティング本部の会議に参加すると、雰囲気がガラッと変わります。

「販促資材の大きさや形を変えてみて、他のものとの差別化をはかるっていうのはどう？」

「いえ、でもA4サイズがスタンダードですから。顧客のかばんに入りやすいサイズを考慮すべきではないですか」

「顧客のかばんに入りやすいものをつくるということは、競合他社の似たような販促資材とまざってしまって、なかなか目にとまらないよね」

「そうですけれども、やはり顧客第一主義でいかないと」

「もちろんそうだけれども、顧客はかばんではないんだよ（参加者から笑いが起こる）。まぁ、かばんがお客さんだとこちらも楽だけどね」

「（笑）……」

「こり固まった思考から離れて考えてみようよ。前例がないというのは、なしだよ。たとえば、Ｂ４サイズにする。形は……そうだね。製品の形をかたどったものはどうかな？」

という具合に、冗談やユニークな発言をまじえて議論を進めていき、そばで聞いていても面白いのです。

私は、議事録をとるという役割で、様々な会議に参加してきましたが、上司や参加者の巧みな発言に思わず笑わされるということがよくありました。

私はずっと肩肘をはって、緊張感のなかで仕事をしていたわけではないのです。仕事のなかに、様々な笑いがあり、緊張がほぐれる場面が何度もあったのです。

「信頼される男性」は、仕事も遊び心を持ってこなします。

そういう人は、いつも何だか楽しそうにしています。楽しそうな人のまわりには、たくさんの人が集まってきます。

「この人だったら何か面白い発想を持っていそう」「想像を超えた何か新しいこ

とをしてくれそう」といった具合に、まわりからの期待がいつの間にかどんどん高まっていきます。

そんな人たちと一緒に働くのは、面白いと思いませんか？


仕事でワクワクできるのはとても幸せなこと。

大人になっても、子供の頃のような無邪気な心を、誰でも持っているものです。

自分のなかに眠っている無邪気な遊び心に触れることで、あなたの仕事に対する捉え方が変わってくるかもしれません。

◎無邪気な遊び心を持つと、まわりからの期待が高まる

14 信頼される男は、心に余裕がある

二〇〇一年九月一一日に、世界中の人が驚愕《きょうがく》する事件が起きました。

アメリカ同時多発テロ事件です。

ちょうどその頃、私は会社の先輩と後輩の三名で、ホノルルに二週間滞在し、翌日一二日に日本に戻る予定でした。帰国前日の夜中に後輩のご両親から一本の電話がありました。

「アメリカが大変なことになっているのよ。テレビをつけてすぐに情報を確認しなさい」という連絡。後輩は、眠い目をこすりながらテレビをつけたものの、最初に出てきた映像を見て映画のワンシーンだと思い込み、スイッチを消して、そのまま再び眠りにつきました。

ただならぬことが起きたと私たちが気づいたのは、朝になり、旅行会社の方か

ら電話が入ったときでした。

「いつ日本に戻れるかわからないので、覚悟をしておいてください。飛行機に搭乗できる段階になったら、携帯電話に連絡をします。ただし、その電話に出られないようでしたら、次の方に搭乗していただくことになりますので、ご了承ください」ということでした。

急いでテレビをつけ、しばらくの間ニュースに見入り、その後、日本にいる上司や仕事の関係者にも電話で連絡をしました。

少ししてから外に出て、ホノルルの米軍基地から轟音《ごうおん》とともに多数飛び立つ戦闘機を見たときは、少し不安になりました。教会にはお祈りを捧《ささ》げようとする人があふれ、道路には、泣き叫ぶ人や途方にくれてたたずむ人、冷静になって今晩からの宿泊先を探している人、警官に質問をしている人などいろいろな人がいました。

モールのほうに歩いていくと、どこからか日本語で大きな叫び声が聞こえてきました。近づいていくと、そこは日本の旅行会社のホノルル支社でした。

「明日、日本で大事な会議があるから、何としてでも東京に帰らせてくれ」と怒鳴っている人。

「僕はもともとファーストクラスで予約を入れているんだ。優遇してほしい」と係の人につめよっている人。

「母親は心臓病を患っている。とても動揺しているので、早く大阪の病院に行かなければならない」と説得している人。

「自分はいつまでに日本に帰れるのか、それだけでも教えてほしい」と声を荒らげている人。

みんなそれぞれの事情があり、つい主張したくなる気持ちもよくわかります。でも、このような非常事態に情報も錯綜《さくそう》している状況で、明確な答えとともに対応できる人は誰もいなかったでしょう。

その場は大混乱。カウンターでは、五名の日本人が対応していましたが、目の前にはゆうに八〇名を超える人が今か今かとイライラしながら自分の番を待っていました。

私たちが入り口で一五分ぐらいその場の様子を見ていると、年配の男性が「ここはいったいどうなっているのですか」と声をかけてきました。簡単に状況を伝えると、次のように話を続けました。

「若い社員に少しでも早く日本に戻ってもらいたいと思ってね。ご両親がとても心配しているだろうから。電話がつながらなかったから、相談にきてみたんだけど、難しそうだね」

この男性は、自分の航空券をホノルルに一緒に出張にきていた若手社員に譲ろうと思って、旅行会社に相談にきていたのです。

同じ状況において、日本に早く帰国できるよう自分の主張を一生懸命に伝えようとしている人もいれば、他の人に早く帰国してもらいたいとまわりの人のことを考えて行動している人もいる。

たった二〇分間ほどの出来事でしたが、私は深く考えさせられました。

ここには何の違いがあり、何ゆえに、行動や対応の仕方が変わってくるのか。

その人の持つ愛の大きさ・深さが関係してくるのでしょう。

一大事のときにこそ、一人ひとりの持つ心の余裕の度合いが明らかになります。

決して心のゆとりの度合いは数字で測定できるものではありませんが、その人の判断や対応の仕方を見るとわかるものだと痛感しました。

どんなときでも心にゆとりのある人は、今自分が置かれている状況をきちんと受け入れ、その上で、冷静な判断をくだしています。


あなたは、今置かれている状況を受け入れていますか？

あなたが不満の多い日々を送っているようであれば、まずは今の状況を一度きちんと受け入れてみましょう。

最初は、納得がいかず、難しいかもしれません。受け入れるのに時間がかかることでしょう。でも、きっと今とは違う判断ができ、見える世界が変わってくるはずです。

後日談ですが、その年配の男性は、社員からとても慕われている社長さんであることがわかりました。

「信頼される男性」は、心に余裕を持っている。

何だかとても深遠な言葉ですね。

◎心に余裕を持ち、今の状況を受け入れる

15
信頼される男は、自分の弱いところを認めている

あなたは、自分の弱いところを相手に見せることはできますか？

競争が激しい職場では、最高のパフォーマンスを見せ続けないといけないため気が抜けず、とても自分の弱いところなんて見せることはできない、という人が多いでしょう。

自宅を出て、会社に着くまでに、会社用の仮面をかぶる。

「職場ではどんなときも、部下に対して毅然《きぜん》とした態度で接しなければならない」と思い、自分らしさを封印し、息苦しくなっている人を多く見てきました。

中には、「部下には絶対に弱音を吐いてはいけない」と自分で誓いをたてている人もいました。

とても重そうな仮面ですよね。

あるとき、上司からこんなことを言われました。

「職場は、自己表現の場。自分の長所をどんどん伸ばしていく場所なんだよ」

「わーっ、そうなんですか?」

「もちろん。そのなかから、能町さんの本当の才能が見つかるんだ。自分の長所をどんどん伸ばしていくようにね。何かできることがあればいつでも言ってほしい」

「ありがとうございます」

「あっ、何か苦手なことはある?」

「あります……。一年中、毎日毎日同じことの繰り返しのような仕事をしていると、つまらなくなってきてしまって、モチベーションが下がってきます。こんなことを言ってはいけないのはわかっているのですが」

「そんなことないよ。僕にも苦手なことがあるよ」

「どんなことですか?」

「それはね、実は、けっこうおっちょこちょいなんだよね」

「全くそうは見えませんけれど（笑）」

「だから、こんなことも伝えないといけないの？　と思うようなことも、パッと簡単にメールで知らせてくれるとありがたい」

このちょっとした会話により、お互いの弱いところを補いあう関係が築かれ、仕事の生産性がグッと上がりました。

お互いが弱いところをカバーしあう関係。そこには、安心感が生まれ、「信頼関係」も築きやすくなります。

それ以降、私は、つねに上司の行動の先のまた先を読みつつ、漏れがないようにフォローすることを心がけました。たとえ上司とのメールのやりとりが多くなったとしても、リマインダーメールを頻繁に送るなどして、上司の仕事が滞りなく進むようサポートしました。

一方、上司はというと、今までは一般的な秘書業務以外のことを頼むのは申し訳ない、という思い込みがあったようなのですが、毎日同じことの繰り返しばかりの仕事よりも、何か新しい仕事やルーティン業務以外の仕事に挑戦したいという意思が私にあることがわかったため、それ以降いろいろな種類の仕事を依頼してくれるようになりました。

そのおかげで、私の仕事の幅が広がり、より多くの人と仕事ができるようになりました。仕事に「付加価値」がついていったのです。

弱いところ、苦手なところ、不得意なところ。

本来なら隠しておきたい、あまり人には伝えたくない部分かもしれません。でも、その部分を共有し、受け入れあうことで、仕事の生産性が高まったり、相手のモチベーションが上がったりすることもあるのです。

わざわざ進んで自分の弱いところを見せようとする必要はありませんが、会話のなかから自然と出てくるものであれば、そっと話してみてもいいと思います。

案外、自分では「こんなこともできなくってダメだな」と思っている部分にヒントが隠されているものです。

自分の弱点を知ることで、強みがわかるのです。

その長所が開花したときに、自分の新たな可能性が見えてくるのです。


人には、好きなことと嫌いなこと、得意なことと苦手なこと、進んでやりたいことと躊躇《ちゅうちょ》してしまうことがあるものです。

「自分はこういうところが苦手なんだな」と、まずは自分で認めてあげること。

そして、「自分はこれが苦手なんです」と相手にお腹を見せてしまう。

そうすると、少し気分が楽になってきませんか？

自分の弱いところを人とわかちあう勇気を持つこと。それが信頼関係を結ぶ最初の一歩なのかもしれません。

◎弱い部分を共有できる勇気を持つ

第3章

信頼される男は、「行動」が違う

16 信頼される男は、「アウェイ感」を出さない

人の心を一瞬にして魅了する上司と働いていたときのことです。まるで、人の心を虜《とりこ》にしてしまう魔術師のような人でした。

会社で会う人会う人が、次のように言うのです。

「能町さんの上司、本当に素敵だね。私もあんな上司のもとで働いてみたいな」

その上司は男性だったのですが、女性からも男性からもとても慕われていました。ファンといっていいぐらいの眼差《まなざ》しが注がれるほどでした。

ある日、上司の部下Aさんに次のように声をかけられました。

「能町さん、◯◯さん（上司）は、最高だね！　モチベーションが上がるよ」

「何かあったのですか？」

「うーん、特に何かあったわけではないんだけど……。一緒に仕事をしたい、この人についていきたいって本気で思ったんだよね。こういう気持ち、初めてだ

よ！」

と、すっかり熱狂的なファンになっているようでした。

いったい何が起きたんだろうと思い、翌日早速上司に、最近Aさんと話したかどうか聞いてみました。

「うーん、特にゆっくりと話をした覚えはないよ。あっ、しいていえばエレベーターのなかでばったり会ったので、仕事のことを少し話したぐらいかな」

という返事でした。

エレベーターに乗っている間に相手を魅了してしまう上司。

ものの数十秒の間の出来事です。

そんな短い間に、いったいどうやって会う人会う人みんなを魅了してしまうんだろうと、とても興味を持ち、こっそり観察をしてみました。

その結果、なるほど！　とわかったことがあります。

「信頼される男性」は、瞬時に相手との「一体感」をつくりだすのがとても上手だったのです。

自分と相手がともにいる、一緒にいるという空気感を一瞬にしてつくりだしているのです。

それも、決して押し付けがましくなく、さりげなく、そして自然に。

そこには、上下関係がなく、「対等の仲間」というような意識が芽生えます。

すると相手に「この人と一緒にいても大丈夫」という安心感を与えることができ、「信頼関係」を築きやすくなるのです。


あなたのまわりにも、瞬時に人の心を魅了してしまう人はいませんか？

相手の懐にふわっと入っていくのが上手な人。

そういう人は、目の前にいる相手の心に寄り添う達人です。

一緒にいるという空気感、つまりそれは、「一体感」。

まわりの人を瞬時に魅了する人はみんな、この「一体感」を創造するプロフェッショナルなのです。

そのためには、まず「自分の心を開く」ことから始めます。そうすると、相手も心を開いてくれ、少しずつお互いが親近感を抱くようになっていくのです。

初対面の人に会うと、どうしても緊張してしまいがちですが、その緊張感は、相手にも伝わってしまい、「一体感」が生まれづらくなってしまいます。

最近、ラジオに出演させていただくようになってから、気づいたことがあります。ラジオのパーソナリティの方とは、基本的に初対面で、お会いして少しお話をしてから、その後すぐに本番に入ります。

「今日は、緊張感がなく落ち着いて話ができたな」と思うときは、ブースのなかでそのパーソナリティの方と「一体感」が生まれていて、あっという間に時間が経過し、とても楽しく感じます。私はゲストなのですが、ゲストという感じがしません。

一方、「何だかちょっと居心地が悪かったな」と思うときは、「一体感」がなく、

「アウェイ感」を感じます。お客様扱いをされているようで、少し距離を感じてしまうのです。

「一体感」と「アウェイ感」のどちらを相手に感じさせているのか。
この違いが、初対面で会う人に大きな影響を及ぼしているのです。
あなたは、相手に「一体感」を感じてもらえていますか？
それとも、相手に「アウェイ感」を与えてしまっていますか？

◎「一体感」を創造して相手に緊張感を与えない

17 信頼される男は、さりげない気遣いができる

部下を持つ上司が頭を悩ませる時期があります。

それは、一年に一度の人事考課のときです。

いつも一緒に働いている部下の仕事ぶりを評価するとき、「この評価で本当にいいのだろうか」と最後まで何度も考えるそうです。

本音をいうと、部下みんなによい評価をつけたいのではないでしょうか。

ところが組織では、細々とした評価のルールがあり、そういうわけにはいきません。評価者である上司だけを集めた、部下への評価の仕方に関する説明会があるなど複雑なしくみを持っている企業もあります。

もうそろそろ人事考課が始まるという時期に、上司が私に次のように指示しました。

「肌触りのいいミニタオルを五つぐらい用意してくれるかな。色は任せるけれども、ベージュのような落ち着いた色がいいな」

「はい。何のために使うのですか？」

「もうすぐ人事考課の時期だからね」

「あっ、はい……」

そのとき、何となく推測がついたのでそれ以上は聞かずに、私は帰り道に、感触のいいミニタオルを五つ準備しました。


その企業の人事考課では、一人約六〇分～九〇分程度の面談が行われていました。部下は、事前に上司に送っておいた自己評価シートを持って会議室に入ります。上司のほうは、部下の自己評価に対して、自分の評価はどうであるかをその場で伝えます。

そこで、お互いの考えが全て一致し、同意がなされればいいのですが、なかなかそうもいきません。

ときには、お互いが納得できないため、数時間もの面談になることもありました。

長丁場の面談が予想されるときにはいつも「能町さん、例のミニタオルあるかな」と声をかけられ、私は会議室にそっと持って入りました。

会議室は私の席の後ろにあったので、声が少し漏れて聞こえてきます。面談者は、上司の評価に納得がいかないため、泣きながら訴えているようでした。「こんなに頑張ってきたのに、何でこのような評価になるのですか？　もともとの目標が高すぎるのは、最初からわかっていましたよね」と涙ながらに話をしていました。長い時間、膠着《こうちゃく》状態が続き、面談者が会議室を出てきたのは三時間後でした。

その方は部長だったのですが、扉を出るとすぐそばに部下がいます。目を腫らして職場を歩く姿は、なるべく部下に見られたくないものです。

それを考慮して、私の上司はミニタオルを用意していたのです。

涙をさっとふいて、会議室を颯爽《さっそう》と出ていけるように配慮をしました。

上司と私以外は、会議室のなかでの状況は誰にもわかりません。

このように、「信頼される男性」は、さりげない気遣いができます。

そして、気遣いは「心のマナー」であることを知っています。

上司と部下という立場上の上下関係はあったとしても、人としての「心のマナー」をとても大切にしているのです。

人の多い通り道を歩いているときに、さりげなくさっと自分が一番道路側に移動して歩く。

相手が大きな荷物を持っているときに、「持とうか」という言葉を発するよりも、先にさっと持ってあげる。

そういう、ちょっとした気遣いをスマートに、つとめて自然にするのがとても上手です。

その姿は、自然体。相手にプレッシャーを与えたり、相手に何かをしてあげている、という恩着せがましい感じは全くありません。

もちろんTPOを考慮して、そのときその場所にふさわしい方法で。

そういうさりげない気遣いのできる男性は、いつも何本ものアンテナをはり、状況を瞬時に把握する能力に長《た》けています。

そのセンサーの感度がとても高いのです。

状況を把握するセンサーを磨く。

それが、さりげない気遣いのできる男性へと一歩近づくための秘訣《ひけつ》かもしれません。

◎状況を一瞬にして把握するセンサーを磨く

18 信頼される男は、パートナーを大事にする

外国人付秘書の場合、言語のサポート役として、上司の奥様とご一緒させていただく機会があります。

みんなから愛されている「信頼される上司」には、あたたかく見守ってくれる素敵なパートナーが必ずいます。

「信頼される男性」は、パートナーをとても大切にしています。

パートナーや家族との記念日は大事なイベントです。お祝いできるように事前にスケジュールに入れ、時間を確保しています。

家族の最大の楽しみであるイベントといえば、サマー・バケーション。今年はどこに行こうかと年始に家族みんなで話をし、年明けに出社したときには、夏休みの日程は、ほぼ決まっています。

世界を駆け巡るエグゼクティブにとって、時間こそが最も大事な資産。

まさに「Time is money」なのです。

「あんなに忙しくしていて、いったいどうやって○○さん（私の上司）はワークライフバランスを保っているの？」と同僚から質問を受けることがよくありました。理由を考えてみたところ、わかったことがあります。

彼らにとって、仕事での約束と家族との約束は同じものなのです。

上司がよく言っていたことがあります。

「何で仕事に対してコミットメントはできても、大切な人へのコミットメントができない人が日本にはこんなにも多いのだろう。大切なことなのに」

それぐらい、大切な人と時間を共有することを大事にしています。

仕事に対するのと同じように、大切な人と一緒に過ごす時間をコミットする。

あなたは、大切な人との約束を後回しにしてしまっていませんか？

あなたのパートナーは、あなたの一番の理解者ですか？

あなたの夢を応援してくれていますか？

ちょっとドキッとした方、大丈夫です。今からでも遅くはありません。これから大切な人との時間を確保していけばいいのですから。

パートナーとの関係性は、仕事に大きく影響しているとつくづく感じます。一人でがむしゃらに頑張り続けても、ふとしたときに寂しさやむなしさを感じるものです。燃え尽き症候群のようになってしまい、自分の人生に虚無感を抱いてしまうこともあるかもしれません。

でも、自分のまわりに一人でも応援してくれる人がいれば、どこまでも頑張り続けられるものではないでしょうか。

その応援してくれる人、理解してくれる人がパートナーであれば、こんなに幸せなことはありません。

パートナーとの愛が深ければ深いほど、仕事においても成功するのです。

以前、ホームパーティに呼ばれ、上司のお宅を訪問したときのことです。いつもは組織のトップマネジメント層として堂々としている上司が、家ではすっかりパパの顔。愛と優しさにあふれ、顔をくしゃくしゃにして笑う表情は、幸せそのものでした。

私は、上司のその姿を見て、「愛のあふれる家庭でエネルギーをチャージし、次の日からの仕事のパワーにしているんだな」と思いました。

愛の力は、明日への活力を生み出します。

目まぐるしい日々のなかでも、心からホッと一息つける場所。

それが「家庭」であるということは、どんなに幸せなことでしょうか。

そこには、良好なパートナーシップがあります。

パートナーとの愛の深さと仕事での成功の度合いは、相互に関係しあっているのです。まさに、幸せの両輪といっていいでしょう。

あなたは、エネルギーを充電できる場所を持っていますか？

誰も理解してくれる人がいないと嘆いている人は、一度ゆっくりとパートナーと話しあってみてはいかがでしょうか。陰でそっと応援してくれる人が、実は身近に存在していることに気づくかもしれません。

◎パートナーとの愛の深さと仕事での成功の度合いは比例する

19 信頼される男は、「信頼関係」を急いでつくらない

もしも初対面の人に突然、「明日から仲よくしてください」と言われたら、どんな気分になりますか？

きっと、心のどこかで一瞬警戒してしまう人が多いのではないでしょうか。憧れの人や尊敬する人に会ったとき、「やっと会えた！」とつい心がはやってしまい、早く仲よくなりたいと思うかもしれません。

しかし、「親しき仲にも礼儀あり」という言葉があるように、すでに親しい人に対しても礼儀を持って接しなさいということですから、ましてや初対面の人にはそれ以上に配慮したいものです。

秘書として仕事をしてきたなかで、誰からも愛され、「信頼」される人には、共通する人づきあいの極意があるということがわかりました。

その極意とは、「人との関係が熟すのを待つことができる」ということです。「信頼される男性」は、時間をかけながら、丁寧に一人ひとりとの関係を紡いでいきます。

それはまるで、上質感のあるシルクの糸のような関係性です。繊細であるけれども、輝きをおびていて、切れることなく伸びている――そんなイメージです。その輝きが増すときもあれば、そうではないときもあります。お互いの立場や状況によって、関係が深まるときもあれば、ときには少し離れ、距離を置くこともあり、決して一定ではないのです。

みなさんもそのような経験はありませんか？

たとえば、大学時代にはとても仲がよく、いつも行動をともにしていた友人と、就職を機にあまり会わなくなってしまう。

でも、一〇年ぶりに開かれた同窓会で再会し、それをきっかけにまた親交が少しずつ深まっていく、といったような具合です。

また、女性であれば、同じ職場に勤務していてとても仲よしだったけれども、相手が結婚退職したことをきっかけに疎遠になってしまった。

でも、自分も結婚し、出産した頃に久しぶりに連絡をしてみたら、それ以降子育ての話でもりあがり、以前のような関係に急に戻った、ということもあるでしょう。

このように、人との関係が熟す時期というのは、人により、また状況により異なるものです。

だからこそ、焦らずに、お互いの人生を歩むリズムを尊重することが大切です。人には、それぞれ人生において様々なフェーズがあり、一人ひとり人生の歩み方は異なるのです。

職場でもプライベートでも、早急に人間関係を築こうと躍起になっている人をたくさん見てきましたが、逆効果であることが多いように思います。

恋愛と同じように、ビジネスにおいても、相手は追えば追うほど逃げていきます。

であるならば、自分が「追われる人」になればいいのです。

追うよりも、追われる人になる。

少し、意識を変えてみるだけで、明日からの行動が変わってきませんか？

自分が魅力的な人になっていくと、自然とまわりに人の輪ができ、たくさんの人が集まってきます。そして、自分から無理に関係を築こうとする必要がなくなっていくのです。

「最初のアプローチはとても印象的だったけれども、その後○○さんから全く音沙汰がないなぁ」と思った経験は、きっと誰にでもあるでしょう。

人との関係は、波に揺られながら、寄り添うときもあれば、離れていくときもある。

これを心得ておくことは、「心の処方箋」にもなるのではないでしょうか。

「何となく離れていってしまって寂しい」という感情がわいてきたとしても、

「またどこかで会える日がくるかもしれない」と思うだけで、自分の心が楽になってくるものです。

その人との関係が熟すのを待ってみる。

そんな心の余裕を持ちたいものです。

◎人との関係が熟すのを待つ

20 信頼される男は、「マネジメント」をする

あなたは、上司に対してどのように思っていますか？

「細かいことばかり言わないで、もっと仕事を自由に任せてくれたらいいのに」

「毎日、仕事の進捗状況の報告で忙しくて……。本来の仕事にもっと集中できたらな」

「こんなにいろいろな仕事を任せてくれて、とっても嬉《うれ》しい！　上司のためにも頑張ってみよう」

「毎日、監視されているようで息苦しい。もっと信頼してほしいよ」

と、上司には言いづらいけれども、心のなかで思っていることは誰にでもあるでしょう。

上司にもいろいろなタイプの人がいます。

拙著『誰からも「気がきく」と言われる45の習慣』に書かせていただきましたが、「マネジメント」をしても「コントロール」はしない上司が、部下から「信頼」され、人気があります。

さて、「マネジメント」と「コントロール」の違いは何でしょうか？

わかりやすく言うと、次のようなことです。

部下に対する良い接し方が、「マネジメント」。

部下に対する悪い接し方が、「コントロール」。

「マネジメント」は、日本語で「管理」と訳されていますが、「信頼される上司」は、「マネジメント」が上手です。

目標に向かって人やモノを適切に動かし、多くの人からのサポートを受けながら、すんなりとその目標を達成します。その間にいつの間にか多くの人から「信頼」や「感謝」を集めています。

仕事を任された部下は、上司から認められたと嬉しく思い、どんどんモチベーションが上がっていきます。

こういう上司と一緒に働いていると、毎日会社に行くのが楽しくなってきますよね。


一方、私のなかで「マネジメント」と対義語になっている言葉が「コントロール」ですが、日本語では「支配」と訳されます。

「信頼されない上司」は、「コントロール」をしてしまいがちです。

部下を厳しく細かく支配してしまうため、部下は息苦しく感じ、モチベーションが下がり、結果もともないません。

そのため、さらに「コントロール」が進み、忙しさとともに厳しさが増し、部下が疲弊していってしまう悪循環に。ひどくなると恐怖政治のようになるときもあります。

このような上司のもとで働いていると、毎日プレッシャーのなか、ピリピリしながら働くことになり、とても辛《つら》いものです。

私は、「マネジメント」が上手な上司、そして厳しく「コントロール」をする上司の両方のもとで働いたことがあります。「コントロール」をする上司のもとで働くのは、本当に辛く、ストレスに悩みました。

そのときに、「マネジメント」ができる人と「コントロール」をする人の違いは、いったいどこにあるのだろうと考えました。

その違いの根本はどこにあるのか。

それは、基本的に、「人を信頼しているかどうか」の一言につきるということがわかりました。

「マネジメント」のできる人は、相手を「信頼」し、相手の自由意思を尊重しています。そのため、人にどんどん仕事を任せることができ、大事なところ、集中すべきところに全神経を注ぐことができます。その結果、さらに成果を上げていくことができるのです。

それに対して、「コントロール」をしてしまう人は、そもそも相手を「信頼」していないので、相手の自由意思を尊重することができません。その結果、自分のやり方を相手に押し付けたり、ささいなことばかりに気をとられたりしてしまうのです。

決められた立場、部署、組織によって、全ての人の自由意思を反映することは難しいものです。

しかし、ベースに「お互いの自由意思を尊重する」という考えがあるなかで仕事を進めていくことができるのは、幸せなことです。

つねに上司の顔色をうかがい、ビクビクしながら、自分の考えを伝えることもなく、ただ言われたとおりに仕事をしていく環境。

自分の考えをまわりの人に伝え、切磋琢磨《せっさたくま》しながら、成長していける環境。

上司にとっても、部下にとっても、どちらが理想的な職場環境であるのかは明らかではないでしょうか。

◎「コントロール」ではなく「マネジメント」をする

21 信頼される男は、行動力がある

陰口としてよく囁《ささや》かれる言葉があります。

「あの人は、口だけだよね」という言葉。みなさんも耳にしたことはありませんか？

言葉よりも「行動」で示すことがとても大切です。

言葉に、少しだけ「行動」を加えることで、ずいぶん印象が変わってきます。

たとえば、職場で上司に怒られて気落ちしている同僚がいたとしましょう。

「大丈夫？」と声をかけてあげることももちろん大切ですが、さらに一歩進んで、「今日のランチ、何か予定入ってる？　もし入っていないようだったら、一緒においしいものを食べに行こうよ」とランチに誘うのはどうでしょう。

そして、ランチを一緒にとりながら、そばで話をじっくり聞いてあげる。落ち

込んでいた同僚は、話を聞いてくれる人がそばにいてくれて、安心し、少し元気を取り戻せるかもしれません。

こんなちょっとした「行動」。

「行動」と聞くと、つい身構えてしまいますが、こういう小さな「行動」でいいのです。

相手が喜んでくれると思うと、自分も幸せな気分になってきます。

言葉だけでなく、「行動」にうつすことで、相手との関係性がずいぶん変わってきます。

より親近感がわいてきて、心と心の交流が深まっていきます。

それゆえに、言葉だけではなく、「行動」で見せることはとても大切なのです。

多くの人から「信頼」されるエグゼクティブは、その「行動」の大切さを知っています。

だから、「信頼される男性」には、行動力があるのです。

「信頼される男性」のもとで働いていたときのことです。

一般的には、秘書はいつも自分の席にいるというイメージがありますが、行動力のある上司と働いていると、秘書にも行動力が要求されます。

まわりの人からよく、「○○さん（上司）と能町さんは、席にいない二人ということで有名だよ。フットワークが軽いんだね」と言われるほどでした。

その当時は、それまでの上司が訪問しなかったような場所にまで集中的に顧客訪問をしていたので、上司に同行して出張することが多い時期でした。顧客に対して言葉をかけるだけではなく、実際に足を運ぶことでケアをしていたのです。

「今の時代は携帯電話があればどこでも連絡がつくのだから、席にいるかいないかは気にしなくていい」と上司には言われていました。

実際、可能な範囲で自分のスケジュールを公開し、同僚に自分の居場所や連絡先を知らせておくことで、大きな支障はなかったように思います。

上司は、「行動は、経験。何よりもの宝。思考と行動のバランスをとることが大切なんだ」とよく言っていました。

つまり、頭のなかでぐるぐると考えることばかりに時間を費やすのではなく、ある程度考えがまとまったら、実際に「行動」にうつしてみることが大切である、ということです。

一〇〇%完璧に考えぬくよりも、七〇%〜八〇%ぐらいで、「行動」にうつしてみる。少し見切り発車してしまったかなと思ったとしても、それぐらいでちょうどいいときがけっこうあるのです。

このように、「信頼される男性」には、行動力があります。

言葉だけよりも、「行動」がともなう行為のほうが、相手からの「信頼」が得られます。

言葉であれば、何とでも言えます。その人の本当の気持ちから発する言葉もあれば、偽りの気持ちから発する言葉もあります。

私は、この人は「信頼」できるのかなとふと悩んだとき、言葉ではなくその人の「行動」を見るようにしています。

「行動」は「信頼」のバロメーター。

誰からも「信頼される上司」から、学んだことのうちの一つです。

◎「行動」は「信頼」のバロメーターである

22
信頼される男は、人によって態度を変えない

あなたは、突然態度を豹変《ひょうへん》させる人を見たときに、どのように感じますか？

きっと、「信頼」できない人だなと、ちょっと距離を置きたくなるのではないでしょうか。

相手の「肩書」や立場によって、態度をころころと変える人。

目上の人にゴマをすり、目下の人に威張り散らす人。

さっきまで優しい雰囲気で話をしていたかと思うと、他の人と話し始めたら急に横柄な態度をとりだす人。

あなたの職場にも、きっと一人や二人はいることでしょう。

相手によって態度を変えることは、一番「信頼」を失う振る舞いです。

あるとき、「人にこびることがこの人の仕事なのかしら」と思うような人とお

会いして、とても驚いたことがあります。ときには根回しも必要ですが、根回しだけでは、ビジネスは成り立ちません。

なぜ、その人は人にこびる必要があるのか、考えてみました。

自分に自信がなく、まわりから「信頼」されていない人こそ、人にこびることで仕事を進めています。人にこびることで、自分の味方を増やしていける、と勘違いしているようです。

人にこびる人のまわりには、同じような人ばかりが集まってきます。それは、見返り欲しさの偽物の関係です。

「信頼される男性」は、人にこびることはありません。

なぜなら、自然とまわりに人が集まってくるため、人にこびる必要がないからです。人気者のまわりには、いつもたくさんの応援してくれる人がいます。

また、「信頼される男性」は、人によって態度を変えることをしません。どの人にも対等に接するのです。

出張先のタクシーの運転手、ちょっと寄ったカフェの店員、新幹線の販売員、取引先の社長……。

どの人に対しても、態度を変えません。もちろん、TPOにあわせて、話し方や接し方は適切に変えますが、突然態度が大きく変わることはありません。

つねに公正な態度で人に接する。

どんな人にもフェアに接する。

誰に対しても対等に、フェアであることが、「信頼」を得るためには一番大切なのではないかと思います。

よく女性が、男性の態度に興ざめする瞬間があるといいます。

一番多いのが、いつもは穏やかな人なのに、レストランに入って注文をするときに、突然横柄な態度に豹変し、唖然《あぜん》としてしまった、というものです。お料理が出てくるのが遅いと偉そうに注意をしてみたり、何か不満なことがあったからマネージャーを呼んできてほしいと言ってみたり。

レストランでそういうシーンに遭遇した方もいらっしゃるのではないでしょうか。

近くに文句を言っている人がいると、まわりの人の気分まで悪くなってしまいます。

上司が同席している会食の場で、もしも注文したものがなかなか出てこなかったとしたら、同じことをするのでしょうか。

きっと上司の目があるため、そのようなことはしないでしょう。

人は、相手が人間的に尊敬できるかどうかという点を見ているものです。

にこにこ微笑《ほほえ》みながら会話をしていた人が、突然、高慢な態度で威張り散らしている様子を想像してみてください。

あなたは、そういう人を尊敬できますか？

そういう日々の行動は、見られていないようで、意外と見られているものです。

人にこびずに、つねにフェアで、正々堂々としている人は、それだけで素敵ですよね。
そういう人についていきたいと思うのは、私だけではないでしょう。

◎どんなときも人にこびない

第4章

信頼される男は、「見られ方」にも気を配る

23 信頼される男は、「見られ方」を知っている

大事な試験や面談のとき、商談のとき、プレゼンテーションをするとき。

ここ一番というときに、「自分のイメージどおりに演出できたらいいのに」と思ったことはありませんか？

特定のイメージが決まれば、服装や身につけるものや髪型、女性であればメイクなどでイメージにあった自分を演出することができます。

でも、実際のところ、「自分なりにやってみたけれども、うまくいかない」という経験をお持ちの方も多いのではないでしょうか。

「信頼される男性」は、「見られ方」にとても気を配ります。

このシチュエーションでは、こういうふうにまわりの人から見てもらいたい、という「見られ方」をまずイメージし、確立します。そして、それにあった「見

せ方」をいろいろと考えていくのです。

その「見せ方」は、幾通りもあることが多く、独りよがりにならないように、「これ、どう?」「これとこれ、どっちがいいと思う?」というように、まわりの人の意見を取り入れながら決めていきます。

私も、職場で「このネクタイと、あのネクタイ、どっちのほうがいいと思う?」などとよく聞かれたものです。

たとえば普段はなかなか身につける機会のないゴールドやオレンジ色のネクタイ。大きな会場でたくさんの聴衆がいる場合、キラリと光るネクタイはとてもインパクトがあり、印象に残ります。

会場はどれぐらいの大きさなのか、聴衆はどんな人たちなのか、プレゼンテーションの内容はどんなものなのか、演台まではどのように歩いていけばいいのか。様々な角度から、ベストな演出法を考えます。

「見られ方」は、「魅《み》られ方」なのです。

「魅られ方」とは、文字どおり、まわりの人を「魅了してしまう」方法のこと。ただの「見られ方」だけでなく、まわりを魅了してしまう「魅られ方」にまで気を配ることが大切です。

エグゼクティブの方は、エグゼクティブ・トレーニングの一環として、メディアトレーニングを受けます。取材を受ける機会や、社内・社外を問わず、プレゼンテーションをする機会が多いため、自分の魅せ方を研究するのです。

メディアトレーニングはこれで三回目、という上司と話をしたときのことです。その上司は、その場に応じて、瞬時に自分のベストなイメージをつくりだし、演出するのがとても上手な人でした。そこで、メディアトレーニングでは、どんなことを学んでいるのか聞いてみたのです。

「簡単にいうと、自分が自分のプロデューサーになり、演出家になることを学んでいるんだよ」

「そうなんですね。でも、どうやったら瞬時にその場にあったイメージをつくりだすことができるのですか？　何か秘訣《ひけつ》はありますか？」

「まずは、自分自身が自分の一番のファンになることかな」

「自分自身が自分のファンになる……。ちょっと抵抗がありますね」

「そうだろうね。多くの人は、その部分に抵抗があるから、他の人と同じような見せ方しかできないんだ。そこをクリアできると、大きく変わるよ」

自分自身が自分のファンになる。本当にそうなれたときに、自分が自分のプロデューサーであり、演出家であることが、とても楽しくなってくるそうです。


いろいろな顔を持つ多面的な自分を楽しむ。

「信頼される男性」は、「見られ方」のもう一歩先にある「魅られ方」を意識しています。そのためには、自分の魅力に気づき、それを受け入れ、認めてあげることが最初の一歩となります。

「魅られ方」を磨くためには、自分の魅力を知る。

恥ずかしくて今まで自分の魅力を直視することができずにいた人は、まずは気心知れた仲のよい友人に、自分の魅力について聞いてみることから始めてみるといいでしょう。

◎「見られ方」の先の「魅られ方」を意識する

24 信頼される男は、笑顔のときに目も笑っている

最近、取材を受けるなかで、よく聞かれる質問があります。

「今まで、何千人もの人と出会ってこられたと思うのですが、初対面でこの人は信頼できる！　と見分けられる簡単な方法はありますか？」というものです。

あなたには、この人は「信頼」できる、「信頼」できない、というような判断基準はありますか？

何となく「この人は信頼できない」「この人は言っていることと心のなかで思っていることが違うような気がする」「言葉が心に響いてこない」と思う瞬間があると思います。

それは、知らないうちに、あなたの人を見分けるセンサーが働いているということです。

私の答えは、いたってシンプルです。

顔は笑っていても、目が笑っていない人。

口元は微笑《ほほえ》んでいても、目に笑いがない人。

こういうタイプの人は、私の経験上、要注意！　です。

どこかに嘘《うそ》がある可能性が高く、ある程度距離を置いて接しておいたほうがよさそうです。

こういう人と話をしていると、何となく「この人は本音で話していないのでは」「面と向かって話しているのに言葉が心に響いてこない」などと思い、会話が宙に浮いている感じがします。


秘書の多くは、瞬時にして、人の嘘を見抜ける力を持っているように思います。

私が秘書として組織で働いていたとき、私を通じて上司に意見を伝えようと、たくさんの人がいろいろなことを話しにきました。本音と建前の部分が見え隠れするときもあり、そこには様々な思惑が垣間見られました。

分刻みで動いている多忙な上司に、人から言われたことを全てそのまま伝えているようでは、秘書として失格です。きちんと内容を精査し、今伝えるべきものなのか、本当に伝える価値のあるものなのか、どのように伝えるのがわかりやすいのか、その情報に信憑《しんぴょう》性はあるのかなど、いろいろと考えてから伝えます。

長年秘書をしていると、伝え方のセンスのようなものが身についてきます。

その人が言っている内容は「信頼」できるものなのかどうか、その人は「信頼」できる人なのかどうかを見抜くことは秘書として働く上で、とても大切なポイントでした。

多くの人と出会ってきてわかったことは、目を見れば、その人がわかるということでした。

目には、真実が隠されています。

目を見るだけで、その人の本質を知ることができます。

「目は口ほどにものを言う」ということわざがあるように、目に秘められたものは、想像以上に、真実を語っているのです。ごまかすことができません。

目が笑っていない人は、心も笑っていないのです。

あなたは、そういう人を「信頼」できますか？


「信頼される男性」は、微笑んでいるときには、目も笑っています。

心から楽しくて笑っていると、目にもその楽しい感情がやどるものです。それが、自然な姿ではないでしょうか。

そういう人には、安心感を持って接することができますよね。相手に対する安心感がなければ、相手を「信頼」することは難しいものです。


目には、たくさんの表情があります。

うつろな目、落ち着きのない目、ふしめがちな目。

凜《りん》とした目、嬉《うれ》しそうな目、活力のある目。

目を見れば、その人の本質がわかります。

あなたは自分の目の表情を意識したことはありますか?
目には真実が隠されているのです。

◎目を見れば、その人の本質がわかる

25 信頼される男は、目に輝きがある

目がキラキラ輝いている人がいて、ついその瞳に魅了されてしまった、という経験はありませんか？

人を惹《ひ》きつけてしまう瞳の人。

目がキラキラ輝いている人。

瞳にしっとりとした潤いのある人。

私も、吸い寄せられてしまいそうになるほど、素敵な瞳に出会ったことがあります。目が離せず、新幹線のホームで立ち止まり、じーっと見つめてしまったという経験もあります。

それぞれ目の表情、雰囲気は違うかもしれませんが、こういう人たちには「目力」があります。

「目力があるね！」というのは誉《ほ》め言葉だということを知ったのは、転職する際の面談のときでした。

拙著『この人と一緒に働きたいと思わせる仕事術』に書かせていただきましたが、私がある企業に採用される決め手となったのは、「ポテンシャル」「一緒にいると楽しそう」、そして「目の輝き」というものでした。これは、採用後に上司から直接聞いた話です。

採用試験というと実務的な能力を計られていると思いがちですが、意外とこういう人間的な部分も見られているものなのです。

「目の輝き」は、ときには人生を変えてしまうぐらいの影響力を持っているのです。

「信頼される男性」は、「目力」がとても強いものです。

目にパワーがやどっている。

そのパワーとは、「生きる力」。

「目力」のある人は、元気で、意欲的で、人生を前向きに歩んでいる人が多いように思います。

「グッと前を向いて生きていこう」というその人の生き方や生き様が、「目力」となって投影されています。「生命力」が目にやどっているのです。

それゆえに、「目力」には、人を惹きつける魅力があるのでしょう。


エグゼクティブの方は、「目力」があり、瞳が輝いているという人が多いのですが、さらに「目力」をアップさせるために、携帯しているものがあります。

実は、彼らは、「目力アップ」のために、目薬を持っています。

これは、大阪へ出張に行った際の、新幹線のなかでの会話です。上司が目薬を持っていたので、目の調子が悪いのかと思って聞いてみました。

「目の具合が悪いようですが、大丈夫ですか?」

「いやいや、違うよ。目薬は、プレゼンテーションの直前や、大事な人と会うときに使うんだ」

「えーっ？　そうなんですね」

「能町さんも、大事なときに目薬を使ってみたらどうかな。まわりの反応が変わってくるよ」

「たとえば、プレゼンテーションの直前に使ったら、どういう効果があるのですか？」

「自分の伝えたい内容が、より深く聴衆の心に響くということかな。目と目で会話をしている感じになるんだ」

「より聴衆の心をつかみやすくなるということですか？」

「そうだね。会場に一体感が生まれて、その後プレゼンテーションがとてもしやすくなるんだ」

目と目で会話をする。上司は「目は口ほどにものを言う」ということをまさに実践し、目薬を使い「目力」をアップさせ、より効果的なプレゼンテーションを演出していたのです。

目薬は、「目力アップ」のための「秘密の小道具」。

瞳に輝きと潤いをもたらします。

ここ一番の大事なときに、こっそりと使ってみてはいかがでしょうか。


しっとりとした潤いに、キラキラ輝く瞳は、とても魅力的です。

瞳美人・瞳美男子の集まる職場は、活気があり楽しそうです。楽しそうな雰囲気のところには、同じように楽しい人が集まってきます。

「目力」のパワーを信じて、目を大きく開いて、堂々と歩いてみる。

人と会って話すときに、いつもよりも「目力」を意識して会話をしてみる。

視線の上げ方、下げ方、視線の持っていき方に気を配ってみる。

まずは、「これなら自分でもできるかも」と思える小さなことから始めてみませんか?

まわりの人の反応が変わってくるでしょう。

◎「秘密の小道具」として目薬を使う

26 信頼される男は、「背中」で語る

部下を持つ上司であれば、誰でも必ず思うこと。

それは、「部下から愛され、信頼される上司でいたい」ということではないでしょうか。

でも、部下に面と向かって、「俺のこと、信頼している？」なんて、とても恥ずかしくて聞くことはできないし、ナンセンス。何といっても、男のプライドがゆるしません……。

とはいっても、正直なところ、「部下は本当についてきてくれているのかな？」と心細く、不安で不安でしょうがない毎日。そんな姿を部下に察知されては格好が悪いし、「いったいどうすればいいんだろう？」と頭を抱えている人も多いことでしょう。

私は、一〇年間にわたる秘書人生のなかで、そんな悩みを持っていらっしゃる方にたくさん出会ってきました。特に、昇進をしてポジションが変わり、初めて部下を持ったという方の主な悩みの種であり、最初の関門のようでした。

ときには、「能町さん、〇〇さん（部下）に、僕のことを信頼しているかどうか、ちょっと飲み会の席で聞いてみてくれないかな？」とコソッとお願いされることもありました。それぐらい、「信頼」されているかどうかは上司にとって気になるもの。

一方、私の上司はというと、まわりの人からどう思われているのかについて、特に気にした様子もなく、卓越した集中力で仕事に取り組んでいます。

それなのに、他部署から噂《うわさ》されるぐらいの人気者で、いつの間にか多くの人から「信頼」を得ている。

いったい何が違うのでしょうか？

実は、「信頼される男性」は、「人から信頼される人になろう」という努力をしていません。

逆説的に聞こえるかもしれませんが、これが真実なのです。

「信頼されよう」と努力すればするほど、相手は遠ざかっていってしまいます。

「信頼してもらいたい」という強い思いがあると、相手に対してプレッシャーや緊張感を与えてしまうことになるのです。

それでは、どうしたら「信頼される男性」になれるのでしょうか。

それは、まずあなたが、よいお手本・モデルになることです。

部下のみならずまわりの人は、あなたの「背中」を見ています。まさに、子供が両親の「背中」を見て育つということと同じです。

私は秘書として、たくさんの「背中」を見てきました。

寂しげな「背中」、何か話したそうにしている「背中」、がっかりと落ち込んでいる「背中」、意気揚々としている「背中」、嬉しそうな「背中」。

私が、人の「背中」から、その人のそのときの気持ちを感じとることができるものなのだと気づいたのは、秘書としての自分の仕事に余裕を持つことができるようになった頃でした。

特に、女性の「背中」より、男性の「背中」のほうが、感情を表現しているように見えるのが不思議です。「何か、私に話しかけてきている」そんな感じがします。

「背中」で語る。

「信頼」されているかどうか気になってしょうがない場合、あなたの「背中」は不安でいっぱいです。まわりの人は、あなたのその感情を受け取ってしまいます。

大切なことは、「信頼」されているかどうかという不安にとらわれない姿勢。

不安にさいなまれている時間を、気持ちを切り替え、何か他に集中できることに費やしてみる。

つまり、自分が人から「信頼」されているかどうか、まわりの人に意識を向けるのではなく、自分自身に目を向け、見つめ、そして今できることに集中することこそが重要なのです。

「信頼される男性」は、自分自身に意識が向いているため、いつも自信に満ちあふれ、意気揚々とした「背中」をしています。

誰にでも、「将来、○○さんのようになれたらいいな」と思う憧れの人、尊敬する人がいるものです。

人は、そういう人たちの「背中」に強く惹きつけられます。そして、しだいに自分のお手本、模範としてその人を見るようになっていくのです。

あなたがそのような憧れの存在になること。その人の「背中」に近づくこと。それが「信頼される男性」になるための秘訣です。

そのためには、今自分の「背中」が人にどんな印象を与えているのか、意識してみることから始めてみるといいでしょう。

本人が思っているよりも、「背中」は多くのことを語っているのです。

◎人はあなたの「背中」を見ている

27 信頼される男は、「色気」がある

「色気」という言葉を聞いて、あなただったらどんなことを想像しますか？

その人が醸し出す空気感、ニュアンス、雰囲気というような感じでしょうか。

私がここでいう「色気」というのは、女性が男性に対して感じる「色気」であったり、男性が女性に対して感じる「色気」のことではありません。

「人としての色気」のことです。

目に見えないものなので、表現するのが難しいのですが、たとえば次のような感じです。

友人、先輩、後輩……。まわりの人を四つの「季節」にあてはめてみましょう。

春っぽいほがらかな空気感のある人、秋っぽいしっとりとした空気感のある人。

思っていたよりも、春夏秋冬、それぞれの季節にあてはまりませんか？

このように「人としての色気」というのは、その人の持つ空気感のようなものを指します。

「信頼される男性」には、「人としての色気」があります。

「人としての色気」がある人は、年齢や性別を問わず、絶大な人気があります。

あるときに、同僚の男性が次のように声をかけてきました。

「能町さんの上司って、何ともいえない色気があるんだよね」

特に、男性に「あの人には色気がある」と言わせる男性は、相当な人気者です。

性別を超越した、「人としての色気」。

ちょうどワインが熟成してよい香りをはなつように、「人としての色気」がある、ということは、人が成熟して、人としての深みが増しているということなのです。

人としての深みがある。

何千人もの人と会うなかでわかったことは、その人の持つ深み、「色気」は、経験の積み重ね、その人の生きてきた歴史に関係しているということです。

樹木に年輪があるように、人にも年輪があるのです。

紆余曲折《うよきょくせつ》を経てきた人や、なかなかできないような経験をしてきた人、自分の掲げた目標に向かってまっしぐらに取り組み、誰もが驚くような結果を残してきた人には、より人としての深み、「色気」があるように思います。一度その「色気」に気づいてしまうと、なかなか心が離せなくなるような、そんなちょっと魅惑的な要素を持っています。

「この人は違うな。もっともっと話を聞いてみたい」と思わせる人。

あなたもそういう人と会ったことはありませんか？

「人としての色気」を持っている人は、人を惹きつける魅力にあふれているため、多くの人を一度に動かせる手腕を持っています。

上司、リーダーとして仕事をしていく人にとっては、羨ましい話です。

その人の「色気」を醸し出しているのは、経験。

「経験」は、何よりの「人生の宝」だと思います。

たとえば、海外への憧れのある人が、インターネットで情報を集めている段階で、何となく海外旅行に行った気分になってしまい、実際に足を運ぶことなく終わってしまう。これでは、リアルな経験が積めません。

実際にその国へ足を運んでみて初めて、本物の経験を味わうことができるのです。そこには、インターネットだけでは知り得ないことがたくさんあります。

頭のなかでいくら考え、いくら想像をしてみても、実際の経験に勝るものはありません。

怖がらずに、面倒くさがらずに、何事も経験をしてみる。

「何でこんなことが起きてしまったのだろう」とそのときは受け入れられず、自暴自棄になってしまうような予期せぬハプニングが、後から振り返ってみると、今までとは全く違う世界・ステージへと連れて行ってくれていた、という経験をお持ちの方は、たくさんいらっしゃるのではないでしょうか。

一度でもそういう経験をしたことがある人は、次から次へと、まるで挑戦者のように、何かを切り開いていく開拓者のように、楽々と行動にうつしていくことができます。

「あの人がこう言ったから」とか「今はこういう状況だから」というように他人や環境のせいにばかりしている人は、実は、他の誰でもない自分の感情が、自分の行動に制限をかけているということが多いようです。

リアルな経験を通じて、いろいろなことを体得していく。

本物の経験こそが、あなたの人生を彩ります。

そこから、「人としての色気」が香りたってくるのです。

明日からちょっと勇気を出して、行動することが楽しいと思える人生を歩んでみませんか？

◎経験の積み重ねが「人としての色気」を醸し出す

28 信頼される男は、「気になる存在」である

企業だけではなく、どんな組織やコミュニティーにも「気になる人」がいるものです。つい視線がいってしまうとか、特に用事はないけれども話しかけたくなるような人です。

「ねぇねぇ、今日の○○さんのネクタイ輝いているの。きっと勝負ネクタイだね」というように、本人の知らないところで話題に上がっている人。

また、「最近会っていないけれども、あの人今頃どうしているかな」と「気になる人」もいます。

「この前会ったときは、会社を辞めたばかりだったけれども、最近はどうしているのかな?」「失恋して辛《つら》そうにしていたけれども、今は元気にしているかな?」というように、「気にかけてもらえる人」。

このように、友人やまわりの人から「気にかけてもらえる存在」「気になる存

在」でいることは、とても幸せなことです。

「信頼される男性」は、誰からも気にかけてもらえる、「気になる存在」です。

ただそこにいるだけで、ときには本人がその場にいなくても、話題になります。

話題にされるということは、どこかの部分で人の目をひいているということ。

そういう人は、他の人にはない何かキラリと光るものを持っています。

そのキラリと光るものを磨いていくと、ますます輝きが増していきます。その人の「個」が輝いていくのです。


あなた自身が、ますます「気になる存在」になっていったら、どんなことが起きると思いますか？

「気になる存在」になると、いろいろなところから自然と声がかかってくるようになります。

あの人のこういう部分が素敵だから、この人のああいう部分が共感できるから、といった具合に、まるで自分が引き寄せているかのように、いろいろな人が集まってくるのです。

つまり、「気になる存在」とは、「会いたい存在」のことなのです。

自分から「あの人に会ってみたい」とアプローチをかけるよりも、相手のほうから、「あなたに会ってみたい」と思われるほうが、幸せだと思いませんか？

ほとんどの人は、「この人に会いたい」と思ったとき、そのためにはいったいどうすればいいんだろう、と一生懸命そのルートを探すことに多くの時間を費やします。

しかし、実は方向性が逆なのです。

「自分がこの人に会いたいと思う」という相手向きのベクトルから、「その人のほうから会いたいと思ってもらえる」という自分向きのベクトルに変えていくことが大切なのです。そのことに気づいていますか？

「会ってみたい」と思われる人になること。

それが「信頼される男性」の人脈術。

先に、自分が「気になる存在」になってしまうことです。

上司がよく言っていた言葉があります。

「人脈を増やしたいと思ったら、外に目を向けるのではなくて、内に目を向けること。多くの人は、外に目を向けて、いろいろな人に会いに出かけているようだけど、そこにエネルギーをかけるものではないんだよ。そうではなくて、自分自身に目を向けてごらん。会ってもらいたいと思われる人に、自分がなる。そこに時間とエネルギーを費やしなさい」

エグゼクティブの方たちの人脈のつくり方について、初めて知った瞬間でした。

「会いたい」と思われる人になる。

「気になる存在」になる。

そうなるためには、内に目を向け、自分の「個」の部分に触れる時間を持ってみることです。

必ず、誰にでもキラリと光るものがあります。

他の人よりもたくさんの時間を費やしてやっていること、まわりの人よりも長く没頭して取り組んでいること……。そこに自分を輝かせるヒントが隠れているはずです。

自分から相手に会いたい、とお願いする立場から、「あなたに会いたい」と言われる立場になる。

この発想の転換により、これから出会っていく人、つきあっていく人が大きく変わっていくことでしょう。

◎「会ってみたい」と思われることが、「信頼される男」の人脈術

29 信頼される男は、歩き方が美しい

背筋が伸びていて、颯爽《さっそう》と歩く人の姿を見ると、つい視線がいってしまうものです。

猫背で肩を落とし、伏し目がちにトボトボと歩いている人。

胸を開いてまっすぐ前を見すえ、堂々と歩いている人。

街に出て、人の歩き方に注意してみると、実にいろんな歩き方があると驚かされます。

あなたは、「普段自分はどんな歩き方をしているのだろう」と考えたことはありますか?

きっと、そんなことは考えたこともない、という人が多いことでしょう。

私も、自分の歩き方について、秘書という仕事につくまで全く考えたことがありませんでした。それが、ある出来事をきっかけに、歩き方を意識するようにな

ったのです。

朝一番にお客様からのクレームの電話があり、とても怒っていらっしゃるということがありました。その方は、名古屋で影響力のあるオピニオン・リーダー。急遽《きゅうきょ》、上司とともにお昼から名古屋へお詫《わ》びに行くことになりました。午後のスケジュールが全てキャンセルになるため予定変更に追われ、またお詫びに行くための準備もあり、あっという間に午前中が過ぎました。

オフィスは丸の内にあり、東京駅までは歩いていける距離でしたが、時間の余裕はあまりありませんでした。

それでも会社を出るときは、同僚のみんなに「行ってくるね」と声をかけながらゆっくり歩いていきました。ところが、会社を出てすぐ、丸の内の仲通りの途中から急に上司に「走るよ！」と言われ、新幹線のホームまで走り、ギリギリで新幹線に乗ることになったのです。

新幹線に乗車して、ホッと一息ついているとき、なぜ急に走ったのか上司に聞いてみました。

「急に走らせてしまって、申し訳ない。しかし、ビジネスの世界では、どんなときでもオフィスで走ってはいけないんだ。ネガティブな印象を与えてしまうからね」

このようにエグゼクティブの方は、どんなに忙しくても会社で走るということはありません。たとえ急いでいたとしても、堂々と歩くのです。

新入社員研修のときに「会社では、走ってはいけません」と教わった人も多いと思います。それでも社内で走っている人を見かけることはよくあります。

社内で走るというのは、あなたが思っている以上に、ネガティブな印象をまわりに与えています。

落ち着きがない人、いつもバタバタしている人、タイムマネジメントができていない人、というように、どれもネガティブな印象ばかりです。

一方、社内で優雅に美しく歩いている人は、どんな印象を与えるでしょうか。

きちんとしている人、余裕のある人、仕事ができそうな人、品のある人、というように、ポジティブな印象を持ってもらうことができます。

「信頼される男性」は、歩き方がとても優雅で美しいものです。

なぜなら、歩き方や歩くスピードが、どれほどまわりの人に影響を与えているかを知っているからです。

エグゼクティブは、立ち居振る舞いのプロフェッショナル。TPOにあわせて歩くスピードを変えるほどです。

VIPの方とお会いするときは、いつもよりもゆっくりと、踏みしめるような感じで歩を進めることで、余裕がある雰囲気をつくります。商談がうまく進むように、歩き方にまで配慮しているのです。

私は、通訳することも多々あったため、上司と同行する機会に恵まれました。歩くスピードや、歩の進め方、止まっているときの立ち方、立ち位置。その立ち居振る舞いのバリエーションの豊富さに驚き、やがて私も真似をするようになっていきました。

「信頼される男性」は、歩き方の影響力を知っています。

あなたが歩いているとき、見られていないようで、実はまわりの人はとてもよく見ています。

つい猫背になってしまうという人は、背筋をピンと伸ばして歩いてみる。

歩幅がせまくてせかせかと歩いているように見られてしまうという人は、歩幅を大きく、ゆっくり堂々と歩いてみる。

一度、自分の歩き癖をチェックしてみてはいかがでしょうか。

歩き方を変えるだけで、あなたの印象はグンと変わります。

◎歩き方次第で印象が変わる

第5章

信頼される男は、自分自身を信じている

30 信頼される男は、ロマンをロマンで終わらせない

男性には、心のなかであたためている「男のロマン」があるようです。

「男のロマン」と聞くと、どんなことを想像しますか?

私はロマンとは、希望や夢、さらにその奥にある秘められたもののように思います。

人によっては、そのロマンをこっそりとあたためている人もいれば、いつもいろいろな人に話している人もいます。

その「ロマンを駆り立てられるもの」について語りはじめると、男性はとても嬉《うれ》しそうにします。水を得た魚のように、幸せそうに話をしてくれます。

「将来、銀座で個展を開きたい」「いつの日か、自分でデザインした家に住んでみたい」「世界中で上映される映画をつくってみたい」など、十人十色、いろいろな思いがあるようです。

そういう話を聞いているのは、私自身とても好きで、「すごいなぁ、とっても楽しそう」と、何時間も聞き入ってしまうことがよくあります。「普段は、とてもクールでおとなしい人が、実はこんなことを考えていらっしゃるのね」とびっくりすることもよくあります。

あるとき、ふと思ったことがあります。

「男のロマン」を、ロマンで終わらせない人がかっこいい。

たとえ今の自分の状況では成し得ない、壮大なロマンであったとしても、一歩一歩そのロマンに向かっていっている人はとても魅力的です。少しずつでも、自ら行動し、前に向かって進んでいる姿に、惹《ひ》きつけられ、応援したくなってきます。

でも、一〇年たってもずっと同じ状況で、いつも同じことばかり話している人はどうでしょうか。

長い間、自分でヨットを操縦してみたいと思っているAさん。

「能町さん、今度は、夏場にヨットの上で食事をしたいね。海風が気持ちいいだろうなぁ」

「船舶のライセンスは、もうとられましたか？」

「いや、まだなんだけどね……」

「どんなヨットがお好きなんですか？」

「値段により、いろいろあるからね。今のところ何ともいえないかな」

「ヨットにはもう乗ったことがあるのですか？」

「いや、まだないね」

失礼ながら本人は、「ロマンをずっと持っている俺ってすごい」と、すっかり自分に酔っているようでした。

しかし、毎年同じ話をしていると、「いつまで同じことを言っているんだろう。もうあれから一〇年もたっているけれど、何も変わっていないような気がするなぁ。もしかしたら優柔不断な人なのかな」と、少しネガティブな印象を与えてしまいかねません。せっかくのロマンなのに、残念なことです。

大きな海原に身をゆだね、未来に思いを馳《は》せる時間は至福のとき。

自分の無限の可能性を感じられる瞬間です。

でも、思いを馳せているだけでは、ロマンはロマンで終わってしまいます。

ちょうど、足踏みを同じ場所で永遠にしている感じです。

その足踏みする場所を、今の場所から少し先の場所へと進めてみる。

ぐるぐると頭のなかでだけ考えてきたことを、歩を進め、実際に行動にうつしてみる。すると、少しずつ道が切り開かれていきます。

「そういえば、何年もずっと同じ話をしているな」と思う人は、ロマンを語っている時間のうちの一〇%ぐらいの時間を、実際に何か小さな行動へうつす時間へとシフトさせてみるといいでしょう。

ロマンをロマンで終わらせてしまうのは、もったいないことです。

「男のロマン」は、ロマンで終わらせないのがかっこいいと思いませんか？

まずは、自分のロマンに酔いすぎていないかを確認してみるといいかもしれません。
自分のロマンにのまれることなく実現していける人、素敵ですよね。

◎何年も同じロマンに酔わず、歩を進める

31 信頼される男は、「人生哲学」を持っている

「秘書の仕事の醍醐味《だいごみ》は何ですか？」と、最近よく聞かれます。

いつも迷わずお答えしている言葉は、次のとおりです。

「エグゼクティブの人生哲学・フィロソフィーを直接聞くことができることです」

今振り返ってみて思うのは、日々の仕事を通じて、人生訓ともいうようなその人の信念をたくさん学ばせていただいたということ。それらが私の人生に大きく影響しています。


「信頼される男性」は、自分なりの「人生哲学」を持っています。

その人の「経験」に基づく人生のフィロソフィー。

それは、他の人から借りてきた借り物ではありません。その人自身の「経験」

からわき出てくる信念の泉。

過去の偉人が残した言葉を引用するのは、誰にでもできます。もちろん過去の偉人の言葉に心を打たれることはよくあります。そこにはたくさんの人生訓があり、多くの人の人生に影響を与えていることは間違いありません。

でも、どうでしょう。たとえば、五年一〇年と長い月日が経過したとき、過去に尊敬していた上司からの言葉と、本で読んだ偉人の言葉とでは、どちらのほうが自分の心に残っていると思いますか？　おそらく、過去に信頼し、尊敬していた上司の言葉のほうではないでしょうか。

きっと、その言葉を聞いたときの状況が鮮明に思い出され、懐かしく思うことでしょう。

今振り返ってみると、一〇年間の秘書人生において、これからの人生を明るく照らしてくれる言葉を数えきれないくらいいただいたように思います。

私が、不得意とする仕事を一年間継続してしなければならなくなり、目の前が真っ暗になっているとき、「全ての仕事には意味がある。今はわからないだろうけれども、必ず後でわかるときがやってくるから。今やることに価値がある。嫌だなと思う感情を横に置いて、今やるべきことに集中してごらん」と、言われたことがあります。

それから二年後、その仕事をやっていたからこそわかる出来事があり、「本当だな」としみじみ実感しました。

全ての仕事には意味がある。

それ以降、「この仕事は好きだからやろう」「あの仕事は苦手だからどうしようかな」というように仕事を選別することがなくなりました。

目の前のどんな仕事にも意味があると思うと、ただ集中してこなしていくしかありません。

ネガティブな気持ちの入る余地がなくなり、感情に左右されなくなっていきました。その結果、仕事をこなすスピードが速くなり、仕事の幅が広がっていきました。

また、こんなこともありました。

突然大きな仕事に抜擢《ばってき》され、どうしていいのかわからず、がっくりと肩を落として落ち込んでいたときにかけられた言葉です。

「おめでとう！　新しい自分の可能性が見えてくるよ。今は不安な気持ちでいっぱいだろうから、まずは社内・社外問わずその仕事を過去にやったことのある人に会って、いろいろと話を聞いてくるといいよ。今は、手探りの状態で目の前が真っ暗だから、怖くて不安なんだ。これからのステップを事前に把握するだけでも、ずいぶん気分が楽になってくるよ。隣の部門の○○さんに聞いてみるといいんじゃないかな」

落ち込んでいるのにいきなり「おめでとう」と言われたときには、「本当に私の気持ちをわかってくれているのかしら」と一瞬疑ってしまいました。

しかし、後々その仕事が終了したときに、実際今まで見えていなかった自分の可能性に気づくことができました。

新しい仕事から、新しい自分の可能性が見えてくる。

それ以降、それまでの自分の状況からは想像もつかなかったことを依頼されたときには、可能な限り、すでにその分野で活躍されている方からアドバイスを頂戴することにしました。

これまで通ったことのない道のりを安心して歩けるよう、自ら行動を起こすようになったのです。

不安で不安でしょうがなくなってしまうと、本来の自分の能力を発揮させることができません。不安や恐怖といったネガティブな感情に、自分の行動をコントロールされないようにすることは、とても大切です。

ここで紹介させていただいたものは、仕事に対する考え方や仕事のやり方といったような「仕事」に関する信念ですが、「生き方」「人生」に関する「哲学」といってもいいほどの信念に触れる機会もたくさんありました。

「信頼される男性」は、自分の「哲学」をしっかりと持っています。

「哲学」を持っている人は、自分のなかにぶれない軸があるため、自分の人生に必要なものとそうでないものをすぐに認識できます。

自分らしい「哲学」を持つ、と自分に約束をしてみませんか？

まわりにふりまわされる人生から少しずつ解放されていくことでしょう。

◎自分なりのぶれない軸を持つ

32 信頼される男は、「信頼される人」を選ぶ

これまでに、私は秘書として様々なグローバル企業で人事異動の舞台裏を見てきました。そこには様々なドラマがあり、ときには、そのドラマは人事異動の発表の直前まで展開されることもあります。

誰からも「信頼される上司」は、部下を選ぶときに、その人が「信頼」できるかどうかという尺度で見ています。

「信頼される男性」は、「信頼される人」を選ぶのです。

とはいうものの、「信頼」は目に見えないもの。

人と人との「信頼関係の度合い」をいったいどうやって測るのでしょうか。

「信頼される上司」は、一緒に働くチームメンバーを重要視していると知ったときのエピソードをご紹介します。

今までに一〇人のエグゼクティブを補佐してきましたが、これはそのうちのただ一人の上司だけ、行ったことです。今振り返ってみると、その上司が最も多くの人から、抜群の「信頼」を得ていました。

外国人エグゼクティブの多くは、二年～三年間の契約で本社から日本に赴任します。その数年の間に、本社から任された大きなミッションを達成するため、チームとして一緒に働くメンバーの力が必要になってきます。

そのメンバー一人ひとりのパフォーマンスが高ければ、チーム全体の成果も上がり、ミッションを達成しやすくなるため、その人選には力を注いでいました。

その上司は本部長のポジションで、部下となる部長クラスの方が七名と、秘書の私を入れた九名のマネジメントチームを組んでいました。

外部のコンサルタントにお願いをして、一人ひとりの仕事に対する評価、自分以外の他のメンバーのいい点、改善してもらいたい点などについて、コンサルタントの人がインタビューを行っていきました。このインタビューは、誰にも開示しないものなので、自由にそして正直に話すようにと言われていました。

たとえば、私の場合、他のチームメンバー八名について、話をします。質問項目は多岐にわたり、五段階で評価するものから、コンサルタントからの質問に対して口頭で話すものまでありました。

インタビューを通じて、私の上司が見ていたものは、メンバー一人ひとりのまわりからの「信頼度合い」でした。

「信頼」がベースになければ、いい仕事はできません。

このインタビューにより、チーム内の力学もわかります。普段仕事をしていてもなかなか垣間見ることができないことが、数値化されて出てきました。

チーム内で、足のひっぱりあいをしていたり、派閥をつくったりしているようでは、期待どおりの成果は出ません。

「チーム内での信頼度合い」や「力学」にフォーカスをあてたのです。

このように、外部のコンサルタントを入れてまで徹底して行うことはなかなかないと思いますが、それぐらい、「信頼される上司」は、人と人とが「信頼」しあって仕事ができる環境を大事にしています。

メンバー全員がお互いを「信頼」できる環境ができて初めて、一緒に仕事ができるスタートラインにつけるのです。

そういう環境を提供してくれたことに、今でも感謝をしています。

その後は、今まで以上に仕事がしやすくなり、一人ひとりが最高のパフォーマンスを発揮していき、一年半後にはあっと驚く、前代未聞の成果を勝ち取りました。

チームで成し遂げたときの達成感は、格別です。何ものにも代えがたい喜びが、そこにはありました。

少し時間がたってからですが、私の上司である本部長は、そのときのインタビューの結果とその後の働きぶりを考慮して、まわりからの「信頼」を多く集めていた人を、あるポジションに大抜擢しました。

「信頼される男性」は、「チームの力学」を大切にします。

なぜなら、チーム一人ひとりの力が最大限に発揮されたときに起きる奇跡を知っているからです。

人のパワーが正しく集結したとき、化学反応が起こります。複数のものが組み合わさることで、予想もしなかった高い効果があらわれるのです。

その結果、そのチームを率いたリーダーは、ますます人からの「信頼」を集めることができます。

チームのダイナミックス（力学）は、思っている以上に重要視すべき、大切なことなのです。

◎「チームの力学」を大切にすると高い効果が得られる

33 信頼される男は、「自信」と「過信」の違いを知っている

オフィスでランチをしているとき、「彼、いつも自信満々で、鼻につく感じなの」「あの人、何か勘違いしてない？」と、人の噂《うわさ》話が聞こえてくることがあります。

「自信」を持っているほうがいいことは確かですが、過剰に「自信」を持つことは、傍《はた》から見ると印象がよくありません。

「自信」と「過信」を辞書で調べてみると、次のようにありました。

「自信」とは、自分で自分の能力や価値を信じること。

「過信」とは、価値や力量などを実際よりも高く見て、信頼しすぎること。

「信頼される男性」は、実力を「過信」することは怖いことだと知っています。

なぜなら、「裸の王様」になってしまうからです。自分は先頭でリードしてい

るつもりでも、ふと後ろを見ると誰もついてきていない、という状態。これでは、的確なマネジメントはできません。

秘書をしながらいつも思っていたことの一つに、「自信」と「過信」の境目はどこにあるのだろう、ということがあります。

残念ながら、傍から見ているとわかるのに、「過信」している人の多くは、自分が「過信」していることを知りません。それゆえに、ますます「過信」していってしまうのです。

「信頼される男性」は、「自信」と「過信」の違いを知っています。

だからこそ、自分が「過信」していないかどうか定期的にチェックすることを怠りません。その方法はいくつかありますが、簡単にできるのは、人からのフィードバックを得ることです。

たとえば、チームで何かイベントを開催したときに、必ずフィードバック・ミーティングを行います。イベント参加者からのアンケートに目を通し、そのイベントに携わった人からも当日の様子について聞きます。

実際の運営はどうだったのか、何か困ったことはあったか、当日発生したことで今後改善できることはあるか、今後同じイベントを開催するとしたらどの部分をよりよくしていきたいのかなど、率直に話しあう場を持ちます。

リーダーが、よかれと思って計画したことが、参加者には好評でないこともあります。その部分は、今後どう改善していくべきか、話しあうポイントになります。そういう細かいところまで見ていくことで、立体的にイベント全体を評価していくのです。

つい忙しいということを理由に、フィードバックをおろそかにして、次の仕事にとりかかろうとしてしまいがちですが、エグゼクティブは、フィードバック・ミーティングの価値をよく知っているので、それを怠ることはありません。

リーダーとして、「これでいこう！」と思って自信満々に実行にうつしたものの、不評であったという事実を知る機会があれば、今後改善していくことができます。

改善策によって成功体験を積み重ねていくと、今度はうまくいった、という「自信」も蓄積されます。しかし、フィードバックを得ないと、改善していくべきポイントがわからず、いつまでたっても成功しません。

このように、自分が「過信」していないかどうかを確認することはとても重要です。

フィードバックがさらなる「自信」をつけていくきっかけとなるからです。「過信」していないかどうかを確認することで、さらに「自信」をつけていくことができるのです。

逆に、「過信」していないかを確認しないでいると、どんどん「過信」が加速していきます。

フィードバックをきちんと受けるという小さなことの積み重ねが、「自信」がついていくのか、「過信」が助長されていくのかを分けるのです。

「信頼される男性」は、「過信」の怖さを知っています。
あなたは、自分の過信度をチェックできるものを持っていますか？

◎「過信」していないか確認することで、「自信」をつけていく

34 信頼される男は、「信頼の法則」を知っている

最近、電車のなかで耳にした会話です。

「彼女が俺のことを信用してくれなくって……。いろいろやっているんだけど、ますます疑うようになっちゃってさ。どうすればいいと思う?」とある男性が友人に相談している様子。

「信用」や「信頼」というものは、無理をして何かをすることで必ず得られるというものではありません。

「信頼される男性」は、「信頼の法則」を知っています。

それは、とてもシンプルです。

その法則とは、「相手を信頼することなくして、人からの信頼を得るのは難しい」ということです。

「信頼」されたいと思うのであれば、まずは、自分が相手を「信頼」すること。

まずは、自分の心のポケットから恐れずに、勇気を持って「信頼」を出してみる。

そこがスタート地点です。

相手にもちゃんとあなたの「信頼」を受け取ってくれる心のポケットがあります。

「信頼」は、目には見えませんが、お互いの心のポケットを行き来するものです。

自分がまず相手を「信頼」することで、相手は自分を「信頼」してくれるようになります。

それが、「信頼関係」を築いていく秘訣《ひけつ》なのではないでしょうか。

これは、上司と部下という上下関係だけではなく、人とのつきあい全般にあてはまります。

「○○さんが、なかなか信頼してくれなくって」と言っている人は、もしかしたら、自分がその人に心を開いていないのかもしれません。

人は、相手のささいな行動や言葉によって、自分が「信頼」されているかどうかが感覚的にわかるものです。

といっても、「まだ相手がどういう人なのかよくわからないし」というように、急に相手のことを「信頼」するというのはハードルが高いように感じる人もいるでしょう。

そういう場合は、まずは相手の自由意思を尊重してみましょう。

自由意思。

それは、本来であれば、誰からもコントロールできないものです。

相手の考えていること、思っていることを、「そうだね」と微笑《ほほえ》みながら受け入れてあげる。

相手がこういうことをやりたいと相談してきたとき、「こうするべきだよ」とつい指示をしたり、説得したりしたくなりますが、そこをグッとこらえて、まずは相手の話を十分聞いて、相手のやり方を尊重する。そして、最後に、「私はこう思うよ」と自分の考えを添えてみるといいでしょう。

たとえば、あなたが英語を学びに語学留学に行こうかなと迷っているとします。

「会社を辞めて、半年ぐらい海外の語学学校に行こうかと思っているんだけど。会社を辞めるのは不安で、お金もないし。半年で英語が話せるようになるのかどうかもわからないし」

こういうときに、「英語圏なら、イギリスに行くべきだよ」「お金の不安があるなら、もう少し会社にいたほうがいいんじゃない」と決め付けられるよりも、「そうなんだ。英語を話せるようになりたいという夢、素敵ね。将来は英語を使って、どんなことをしたいの?」と、自分がこれからやってみようとしている行動に興味を持って聞いてもらえるほうが、嬉しくありませんか?

全ての人がそうとは限りませんが、相談をしてくる人のなかには、ただ話を聞いてもらいたい、背中を押してもらいたいと思っている人が多いように思います。

「信頼される男性」は、相手の自由意思を尊重できる心の余裕を持っています。

自分の考えはしっかりと持っていますが、決してそれを押し付けることなく、相手にプレッシャーを与えません。

「信頼」されたいと思ったら、テクニックや方法論に傾倒するよりも、相手の自由意思を尊重してみる。

ちょっとしたことでいいのです。

まずは相手の言うことにしっかり耳を傾け、否定をしない。

相手のいいところを積極的に見て、誉《ほ》めてあげるのもいいでしょう。

相手の趣味や好きなものに対して、興味を示してあげるのもいいでしょう。

こういう日々のやりとりの積み重ねが、ときを重ね、「信頼」へと結びついていくものなのです。

◎まず自分から相手を「信頼」する

35 信頼される男は、自分自身を「信頼」している

「自分のことを信頼していますか？」と質問されると、ドキッとする方が多いのではないでしょうか。

今まで考えたことがなかったという方もいらっしゃるでしょう。

自分自身を「信頼」する。

これまで、「信頼される男性」の共通点をいろいろと見てきましたが、最も大事なことは、自分自身を「信頼」しているかどうかです。

ここに大きな差が生まれます。

これは、自分に自信があるということとも少し違います。自分に自信がある人であっても、自分を「信頼」していない人もいます。

「信頼される男性」は、自分自身を「信頼」しています。

自分を「信頼」している人は、柳のようにしなやかで強い人です。動揺することがなく、確固たる信念を持っていて、ありとあらゆる荒波を乗り越えながら、一歩一歩着実に前に進んでいきます。

自分自身を一〇〇％「信頼」できたら、どんなに幸せでしょうか。

自分を「信頼」している男性には、たとえ一時的に逆境に陥っても、「また何とかなる、自分なら大丈夫！」と思って新たな日々に向けて試行錯誤しながら、次のステージへと向かっていく底力があります。

自分を「信頼」している人には、迷いがありません。

最近、心の病にかかっている人の数が、増加しています。自分で自分自身を「信頼」できない人が以前より増えているからかもしれません。

虚栄をはって等身大の自分以上に見せ、真面目に一生懸命頑張っている人。あるとき、まるでポキッと音をたてるかのように心が折れていく様子を職場で見てきました。仲のよかった人の心が壊れていってしまう様子をそばで見ているのは、とても辛《つら》い経験でした。

そのときに思ったことがあります。

これからの時代に大切な心の在り方がある。それは、「自分で自分自身を信頼してあげる」という在り方、そして生き方。

それは他の誰かによって感じさせられるものではなく、自分自身で感じるものなのです。


まわりの人の反応に一喜一憂しすぎて、神経が過敏になってしまい、自分が何者なのかわからなくなってしまっている人が多いように感じます。私にも、感情が混乱していた時期があります。

夕方、席を立って会社を出るときに、私が元気なさそうにしていると、上司からよく言われた言葉があります。

「Live your own life! Nobody can bother you. Trust yourself!（自分の人生を生きなさい！　誰も邪魔することはできないのだから。自分を信じて！）」

その当時は、その言葉がいかに深みのあるものであったのか気づいておらず、「Thank you. See you tomorrow.（はい。それではまた明日。）」と、とりあえず返事をしていました。

今では、その当時の軽率な返事の仕方を反省しています。本当は、とてもありがたい言葉がけだったのです。

きっと、上司はそのときに「まわりの人の感情に影響されすぎて、会社から帰って悶々《もんもん》としているのは、人生もったいないよ。人生の主人公は、あなただから」ということを伝えたかったのでしょう。

人生の主人公はあなたです。

主人公となって人生を送るためには、自分自身を「信頼」し、自分の軸を持つことがとても大切です。

その部分が揺らいでしまうと、他人の軸にふりまわされ、他の人のための人生を歩むことになってしまう可能性があります。

あなたは、他の人のための人生を歩みたいですか？

それとも、人生の主人公として、自分の人生を歩みたいですか？

他でもない自分が、自分自身を「信頼」することが、シークレット・キーなのです。

毎朝、家から会社に向かう間に「私は私のことを信頼しています！」と心のなかで宣言してみてはいかがでしょうか。

何だか勇気がわいてきませんか？

自分で自分にポジティブな暗示をかけてみる。

心のモヤモヤが、すーっと少しずつ晴れていくことでしょう。

◎自分自身を「信頼」し、自分自身の人生を生きる

おわりに

本書を最後までお読みいただき、ありがとうございました。

過去一〇年間の秘書時代にともに働いてきた上司や、先輩・後輩・同僚……。そして、その当時お世話になった方全員に「ありがとうございました」とお礼を伝えたい気持ちでいっぱいです。

みなさんからたくさんのことを学ばせていただいたおかげで、今の自分があると痛感しています。

秘書としてたくさんのリーダーや上司とともに仕事をしてきたなかで、いつも疑問に思っていたことがあります。それは、「リーダーにとって、最も大切な要素は何なのか」ということでした。

職場でまわりを見回しながら、自問自答する日々が続きましたが、あるとき、その答えがわかりました。

誰からも好かれ、卓越した業績を次々と残していくエグゼクティブはみんな、「信頼される男性」であったのです。

「信頼」に基づくコミュニケーションこそが、最も大切な要素でした。あたり前のことのように聞こえますが、実際にそれが実践できている人とそうではない人との間に、大きな差があったのです。

本書は、私がともに仕事をしてきた「信頼される男性」の特徴をまとめたものです。

まわりの人から「信頼されるエグゼクティブ」は、仕事を進めていくときに、部下との「信頼関係」を一人ひとり丁寧に築くところから始めます。「信頼」という心の絆《きずな》が、いかに大切であるかを知っているからです。

一人ひとりと丁寧に「信頼関係」を築いていくことに時間を費やしているリー

ダーと、そうではないリーダーでは、時間が経過するにつれて、部下のモチベーションやパフォーマンスに大きな違いが出てきます。

これは、一〇年間秘書としてエグゼクティブのそばで働いてきたなかで、様々なビジネスシーンを見てきた結果、わかったことです。


昨今、人とのコミュニケーションがうまくいかないという理由から、心の病を患う人が増加していることをとても悲しく思います。

「信頼」に基づく人と人との関係には、ぬくもりを感じられる真の心の交流があります。

「信頼」に基づく人と人との関わりあいがいかに大切なものであるのか、どれほど自分の人生を豊かにしてくれるものであるのか、一人ひとりが振り返って考えなければならないときになってきたと思います。

本書が、微力ながら、少しでもみなさんのお役に立つことができれば、著者としてこれほど嬉《うれ》しいことはありません。

最後になりますが、この本を書くにあたって、力強くそばで支えてくれたサンマーク出版の黒川可奈子さんに、心からお礼を申し上げます。

日本中に、一人でも多くの「信頼される男性」が増え、リーダーとして、職場のみならず、日本中を元気にしていってもらいたい、と心より願っています。

二〇一二年四月

能町光香

文庫版おわりに

いつも何か幸せそうで、多くの人に囲まれ楽しそうにしている人っていませんか。何でもうまくいっているように見える人。

その人は、あなたと何が違うのでしょうか。たぶん、そんなに違いはないと思います。ただそういう人は、まず自分が心を開き相手を「信頼」することで、相手から「信頼」され心豊かな人生を送ることができる、ということを知っている人なのではないか、と思います。

きっと、この本を読んでみて、「そうそう」「わかる、わかる」と感じられたことだと思います。それは、みなさんの心のなかにすでにあったことだからそのように感じたのでしょう。ということは、あなたもまわりの人たちから「信頼」される要素をたくさんお持ちだということです。

「幸せな人生」とは、「自分を信頼してくれる人がたくさんいる人生」なのではないかと思います。そして、「信頼」してくれる人の数が多ければ多いほど、安らぎのある人生が送れます。家族、親戚、友人、先輩、後輩、会社の同僚、隣の家の人、町内の人、最近新しく出会った人、これから出会うことになっている人たち……。

自分をとりまく多くの人たちから「信頼」されている生活を思い描いてみてください。

心の不安がスッと消え、心が温まっていくのを感じませんか?

二〇一二年に本書のもとになった単行本が出版されてから、二年半の歳月が過ぎました。

単行本を読んでくださった方から、「これは、男性に限った話ではないですね」「人として生きる上で大切なことですよね」といったご感想をたくさんいただきました。「信頼される人」になれるかどうかは、男性女性問わず、人としての営みを行う上で大切なことである。私もそう思いながら執筆をしていたので、共感していただき嬉《うれ》しい限りです。

単行本が出版されてから、経営者向け講演やセミナーに登壇させていただく機会が増え、また、個人的に「エグゼクティブ・インタビュー」を行うことで、経営者の方たちとお話しさせていただくことが増えました。

そのなかでますます、コミュニケーションの要は、「信頼」であり、人と人との関係性の深いつながりは「信頼」に基づくものであるという確信が強くなりました。

昨今、モバイルツールなどの普及により、対面コミュニケーションが減ってきていますが、それでもやはり、人との触れあい、心温まる人間関係を誰もがのぞんでいるのです。

「一人のほうが楽でいい」と言っている人であっても、心の底ではどこか寂しい、心おきなく話せる「心友」が欲しい、そう思っています。「信頼」関係に基づいた人間関係を求めているのです。職場であれ、家庭であれ、コミュニティーであれ、どこであっても。

人との「信頼」に基づいた関係性を、誰もが求めているのです。

この度、『一流秘書だけが知っている信頼される男、されない男』が文庫化されることになり大変嬉しく思います。これも、読者のみなさま、そして、この本を手にとってくださったあなたの応援のおかげです。ありがとうございます。

もしもあなたのまわりに、人とのつきあいに疲れてしまった人がいたら、ぜひ、本書をそっと差し出してあげてください。そして、ともに過ごす時間を持ってみてください。きっと、あなたの優しさが伝わり、相手が少しずつ笑顔になり、元気を取り戻していくことでしょう。

最後に、文庫版刊行の機会をいただいたサンマーク出版の黒川可奈子さん、梅田直希さん、関係者のみなさんにお礼を申し上げます。
「信頼」という愛にあふれる関係が日本中に、そして、世界中に広まることを夢見て……。

京都にて　能町光香

二〇一四年一二月

本書は、二〇一二年に小社より出版された『一流秘書だけが知っている
信頼される男、されない男』の表記、表現などを一部改訂したものです。

サンマーク文庫

一流秘書だけが知っている
信頼される男、されない男

2015年2月10日　初版印刷
2015年2月20日　初版発行

著者　能町光香
発行人　植木宣隆
発行所　株式会社サンマーク出版
東京都新宿区高田馬場2-16-11
電話 03-5272-3166

フォーマットデザイン　重原 隆
本文DTP　山中 央
印刷・製本　中央精版印刷株式会社

落丁・乱丁本はお取り替えいたします。
定価はカバーに表示してあります。

ISBN978-4-7631-6061-4　C0130

ホームページ　http://www.sunmark.co.jp
携帯サイト　http://www.sunmark.jp

サンマーク文庫 好評既刊

お金の科学
J・スキナー
30以上の企業を経営するベストセラー作家が、100億円企業を作り出した成功哲学を大公開！
940円

お金の哲学
中島 薫
使う人を幸せにする「幸せなお金」の稼ぎ方・使い方を教えてくれる、現代人必読の書。
524円

稼ぐ人はなぜ、長財布を使うのか？
亀田潤一郎
世界で40万部突破！　数多くの「社長の財布」を見てきた税理士が教える、お金に好かれる人の共通ルール。
600円

微差力
斎藤一人
すべての大差は微差から生まれる。当代きっての実業家が語る、「少しの努力で幸せも富も手に入れる方法」とは？
543円

眼力
斎藤一人
「混乱の時代」を生き抜くために必要な力とは？　希代の経営者が放った渾身の1冊が待望の文庫化。
600円

※価格はいずれも本体価格です。